あなたを最高の幸せに導く本

サイマー・ラクシュミ・デヴィ著

PHP

Prologue

モーリシャス、フランス、
そしてインドへ。

すべての出会いが運命であるのなら、この本に出会ったことも、あなたの運命です。
この本があなたと出会ったのは、何かの宗教に入ってもらうためではありません。

たった1つの正しい教えを守り、信者になってもらうためでもありません。
私を崇（あが）め、神のように扱ってほしいわけでもありません。

この本の目的は、あなたがあなたに出会う手助けをすること。
私はそのための、水先案内人となりたいと思います。
私はあらゆる方法を開示しますが、やるかどうかを決めるのはあなた。
決めて行動するのはあなた。
変わるのはあなた自身の人生です。
これから書いていくことは、どれも実践的なメッセージとなります。

・あなたが地球に生まれた意味は？
・本当の自分とはどんなものか？
・あなたを縛っているものは何か？
・最高の人生を生きるための考え方とは？
・日々を整える瞑想や呼吸法の具体的なメソッドは？
・あなたが生きる使命とは？

こうしたメッセージを、あなたが力強く自分で歩んでいくためのツールとして使っていただければ幸いです。

Chapter1からの本題に入る前に、自己紹介をしましょう。

私の名はサイマー。

インド５０００年のヴィシュヌ聖人協会の歴史の中で、女性としてはじめて最高位の精神的指導者（ジャガットグル）に選ばれました。

とはいえ、私は天から降臨したわけではありません。人生の中でさまざまな選択をし、女性として、妻として、母として、思う存分生きた先に、今の私があります。

*フランスという選択

私が生まれたのは、インド洋に浮かぶモーリシャス島。

そこに暮らす人々はみな、スピリチュアルで、寛容で、オープンな精神性と大きな愛を持っています。男女が平等にあつかわれ、さまざまな文化や宗教や伝統が入り混じり合った精神性の高い島の風土が、私を育(はぐく)んでくれました。

幼い頃から、私にはほかの人に見えないものが見えたり、人を癒(いや)したりするエネルギーがありました。私が生まれながらに授かった「普通でないところ」を、「あなたには大きな使命がある」と言って、両親は尊重してくれました。

おかげで私は、家族を大切にすること、地球全体を家族と考えること、つまり普遍的な愛と深い思いやりについて学ぶことができました。

生まれ育ったスピリチュアルな島でそのまま幸せに暮らすことも、1つの選択だったかもしれません。

しかし私は違う選択をしました。「広い世界を見よう」と決めたのです。

両親がすすめてくれたのは、イギリスに行き、医学部に進学すること。ところが、直前になって私が選んだのはフランス行きでした。住み込みで家事と子守りをしながら語学を学ぶ「オペア」となり、パリで暮らし始めました。おかげで完璧（かんぺき）なパリジャンのフランス語をマスターすることができました。語学というツールを手にした私は、かねてから興味があった自然療法、ホメオパシー、整骨療法などを学び始めました。私はすべてを、情熱的に、精一杯、一生懸命に生きることをつねに選んできました。

＊結婚という選択

女性にとって、結婚は大きな選択です。

愛する人とめぐりあい、２人の子供に恵まれました。子供がまだ小さい時は子育てに専念しました。しかし、夫は科学の研究者でしたし、私は自分のスピリチュアルな能力と西洋医学の知識を融合させ、やがて診療所をひらきました。

幸いなことに評判は良く、毎日人がつめかける状態で、いつの間にか診療所は３つに増えました。

私はさらに政治の世界にも足を踏み入れました。ボルドー市の市議会議員として、フランス政府の代表者として、ＥＵの健康保険制度改革に取り組んだのです。

仕事もプライベートも充実した毎日。夫は客員教授としてフランス国外で教鞭（きょうべん）をとることもあり、そのたび私たち家族もアメリカ（カリフォルニア）、カナダ（モントリオール）、中国（上海）などで暮らしました。こうして結びつきの強い国際的なネットワークを築いていくこともできました。

＊インドという選択

私の人生は、順風満帆に見えたでしょう。ところが30歳の時、私は再び人生の選択をします。始まりは、世界的に著名なスピリチュアルの指導者、バガヴァン・シュリ・サティヤ・サイババとの出会いでした。ここでは書ききれないほどの大きな出会いですので、詳しくはChapter3で述べます。私はこの出会いをきっかけにインドに通い始め、多くのことを学びました。修行を通じて人に尽くすうちに、とうとう「自分が生まれ持った使命に身を捧げよう」という大きな選択をしました。

自分の家族のためだけでなく、地球という家族に尽くす。

キャリアや政治を超えて、人類に意識的な進化を取り入れ、希望を与えるために尽くす。

私は夫に離婚してほしいと頼み、子供にすべてを話しました。夫は驚き、戸惑いましたが、不思議なことにティーンエイジャーになっていた子供たちは理解してくれたのです。こうして私は、スーツケースに3枚のサリーだけを入れて、家を出ました。最初は診療所に住みながら教えだし、その診療所も1つ1つ閉めていきました。

これが私の、インド女性聖者への道の始まりでした。

＊今という選択

こうしてたくさんの選択で、私は自分の使命に従って生きるようになりました。

あなたにも、それができます。

あなただけの、あなたが生まれ持った、あなたが地球で果たすべき使命を果たす、そんな選択ができるのです。

男性にも女性にも生まれながらに備わっている「聖なる女性性」を目覚めさせ

れば、争いと悲しみと苦悩に満ちた世界は、平和と愛と感謝に満ちた世界へと変わります。

あなたが、その担い手となることを選ぶなら、さあ、選んでください。

私と一緒に、旅を始めましょう。

サイマー・ラクシュミ・デヴィ

あなたを最高の幸せに導く本　目次

Prologue

モーリシャス、フランス、そしてインドへ。 1

Chapter1

「本当の自分」を見つけて、
抱きしめてください。

〜人生の悩みと親子関係の傷〜

この本はあなたの旅（ジャーニー）です。 18

人格（パーソナリティ）は「本当のあなた」ではありません。 20

理想の親は存在しません。 24

本来の自分の喜びを取り戻してください。 29
その人を好きになれなくても感謝はできます。 31
旅立ちの時がきたら、引き止めずに見送ってください。 36
子供を自由にしてあげましょう。 42
自分で自分を抱きしめましょう。 47

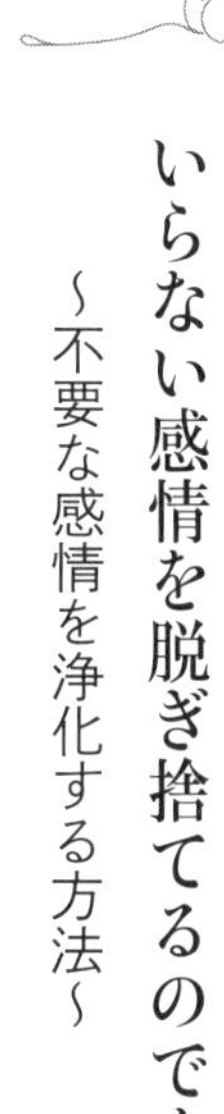

Chapter2 「不要な服」のようにいらない感情を脱ぎ捨てるのです。

～不要な感情を浄化する方法～

未来も過去も存在しません。今、現在しかないのです。 52
ストーリーはもう必要ありません。 55

人の目を気にせず、自分の感情を素直に受け入れましょう。 59
怒りを浄化していきましょう。 63
悲しみの輪を断ち切ることです。 68
低次のエネルギーは高次のエネルギーで上書きしましょう。 72
親にエネルギーを返してください。 75
ネガティブな感情は存在しません。 77

Chapter3
「最高の人生」を、情熱的に生きてください。
~自分らしく前向きに生きるために~

心配をしなければ、心配は消えます。 82

あなたの使命はあなたの魂が知っています。 88
過去や未来ではなく、今を生きましょう。 91
自分の中の神聖なる女性性を育てましょう。 95
情熱を持って行動してください。 100
エゴから魂に、主導権を移行させましょう。 104
愛で社会に尽くしてください。 109

Chapter4
「最高の今日」を、美しく生きましょう。
～呼吸法、瞑想法、食事について～

毎日続けたい「基本の呼吸法」 112

朝を活性化する「火の呼吸法：カパラバテイ」（ファイヤー・ブレス） 114
身体を整える「歯を合わせる呼吸法」（ファイヤー・ブレスの上級編） 117
深い平和を味わう「静寂瞑想」（スティルネス・メディテーション） 119
毎朝の習慣にする「光の柱の瞑想」 123
集中力を取り戻す「センタリング」 127
意識を上昇させる「マントラ」 130
身体をゴミ箱にするのはやめましょう。 135
2つのハートを統合してください。 137

Chapter5
「光」とともに進み、光となってください。
～女性聖者としての使命～

女性聖者の役割を果たします。 140
あなたは神の一部です。 145
いつでも助けを求めてください。 147
泥の中から咲く花になってください。 149

Epilogue 地球の波動を高めましょう。

153

ブックデザイン　豊原二三夫
DTP　システムタンク

インド5000年の歴史の中で、女性としてはじめて最高位の精神的指導者
(ジャガットグル)の称号を授かった著者・サイマー・ラクシュミ・デヴィ。

Chapter1

「本当の自分」を見つけて、抱きしめてください。

～人生の悩みと親子関係の傷～

この本はあなたの旅（ジャーニー）です。

本当のあなたを探しに行く旅が始まります。
用意はいいですか？

アメリカでもヨーロッパでも、そして日本でも、毎日の生活の中でがんじがらめになった人が、私のもとにやってきます。

自分を好きになれない。やりたいことが見つからない。愛する人とうまくいかない。

苦しみと嘆きの物語、いじめと傷の物語、病と痛みの物語。

みなそれぞれの物語を自分の中に抱えて、今にもこわれてしまいそうです。

あなたももしかしたら、そうかもしれない。悲しみと苦しみ、涙と怒りを持てあましているかもしれない。

でも、私には見えています――本当のあなたが。

苦しみもない、痛みもない、悲しみも傷も涙も知らない、無垢（むく）できよらかな美しいあなたが、私の目には、はっきりと見えます。

それなのに、あなたには、本当の自分が見えていない。あなたは、いつのまにか迷子になっています。あなたは本当のあなたを見つけられずに、悩みの迷路の中で途方に暮れているのです。

これから、迷子になったあなたを見つけ出し、しっかりと抱きしめてあげましょう。

人格（パーソナリティ）は「本当のあなた」ではありません。

親から受け継いだパターンや癖（くせ）に振り回されるのはやめましょう。

明るい、おとなしい、照れ屋、怒りっぽい。

人はみな、自分で自分を、このようなかたちで定義しています。自分という人となりは生まれつきのもので、決して変えられないと考えている人もたくさんいます。

「人間関係がうまくいかないのは、生まれつきです」

「前向きに明るくなれと言われても、いつも考え込んでしまうんです」

悩みや問題は、たいていこの〝人格〟というラベルとセットになっています。「人格こそ、自分自身のアイデンティティ」と捉えている人も多いことでしょう。でも、これは大きな勘違いです。

人格とは、個性や考え方の癖です。これはあなたが生まれた環境の中で受け取った〝パターン〟にすぎません。

魂とは本来、無垢なもの。透明に輝く光です。

明るいとか、暗いとか、怒りっぽいとか、嫉妬深い、心配性、そんなものはそもそも存在しない。みな、ただひたすら透明な美しい光です。

しかしその魂は、人間の赤ちゃんとしてこの世に誕生します。

人間になったばかりの赤ちゃんが最初に出会う人間は親で、その影響を大きく受けます。なぜなら赤ちゃんの柔らかい脳みそは、まわりの環境からの情報をすべて、スポンジのように吸収していくからです。ぐっすり眠っているようでも、赤ちゃんの脳はあらゆるエネルギーや刺激を受け取っているのです。

だから、いつも微笑(ほほえ)んで愛してくれる親の子供は、自信に満ちています。

だから、いつも不安がっている親の子供は、こわがりで泣き虫です。

だから、いつも愚痴(ぐち)を言っている親の子供は、物事の悪い面ばかり見ます。

親と子が似ているというのは、こういうことです。

さらに、魂が人間として誕生した時、この世の案内人として「エゴ」がぴったり寄り添ってきます。赤ちゃんが怒りや悲しみを知った時、エゴはそれを打ち消すどころか、「もっと怒れ、悲しめ」とばかりにふくらませます。

親から受けたエネルギーはエゴに育まれ、とうとうある種のパターンになって、その子の中に定着します。これこそ、私たちが「人格」とか「個性」と呼んでいるものです。


「すぐ怒る親を持っているから、怒りっぽい」というように親のパターンをそっくりに受け継ぐ場合と、「親がすぐに怒るから、逆にやさしい子だ」というような場合もあります。

親が怒りやすいのに子は逆にやさしいという例を見てみましょう。これは親のパターンと逆のパターンを持ったわけではなく、怒る親から自分を守るために無意識に身につけたパターンの場合があります。表面上穏やかに見えても、その根元に恐れや不安や抑圧があっては、その穏やかさは、自分の本質からくるものではありません。それは作り上げた人格からくるもので、様々な悩みや苦しみが伴います。

もし、あなたが自分を好きになれずに苦しんでいるのなら、それはあなた自身ではなく、親やまわりから受け継いだパターンからきているものです。

人格は、本当のあなたではありません。

あなたは、何も悪くないのです。

理想の親は存在しません。

愛によって愛を教える親と、
憎しみを通して愛を教える親がいます。

「今、あなたが抱えている苦しみは親から与えられたパターン。あなたは悪くない」

こういう話を聞いて、親を恨んだり、憎んだりしないでください。

親も悪くない。親はただ親となるべき教育を受けていないのです。

たとえば、ここに双子が生まれたとして、1人を私が育て、もう1人をあなたが育てるとします。10年後、20年後その2人の子供を比べたら、全然違う性格に育っているはずです。

私が生まれ育ったモーリシャス島やヒンズー教の家庭では、赤ちゃんがお腹の中にいるときから神様に祈る親の声やマントラを聞き、親が毎日瞑想に浸り、子供の無事で平安な成長を祈り続けます。生まれた日に、星座を見てもらい子供のこれからの使命を理解し、その子供がその使命に必要な道具を全部そろえてあげるのが親の役割です。小さい時から親に大切に愛され、怒りやイライラがまったくない環境の中で育った子供は、愛に満ちた子になります。思いやりと安心感にあふれ、それを世の中に広げていきます。

そうした子育てが普通でした。

ヒンドゥー教の伝統では、子供が生まれる数年前から、若い夫婦はその親から子供を産み育てるための教育を受け、子供をこの世に迎える準備を始めます。

しかし、ヨーロッパやアメリカ、そして日本も、親になることについての教育はありません。男の人と女の人が結婚し、何も知らずに2人の生活を始め、全然わからない中で、子供を産んで育てていきます。

つまり、あなたの親がひどい親ということではないのです。

私の親も、ジョーティシュというインド占星術を見て私の使命を知り、私にその使命を果たすためにずっと教育をしてくれたのです。

私が幼かった頃にある出来事がありました。私の誕生日に、家族がみんな集まっているところで、両親は私にではなく妹にプレゼントをあげました。私はちょっとびっくりし、悲しかったのです。すると、私の親はやさしくこう諭してくれました。

「あなたはこれから世の中に出て大きな仕事を成し遂げる。妹にはそういう使命はないんだよ。この先、あなたにはすべてが手に入るようになるから、今は、妹がプレゼントを受け取れることを喜んであげなさい」

この出来事を通して、私は自分のためよりも、人のために尽くすことのほうがどんなに喜びとなるのかを学びました。そのように私にいろいろと教育してくれた両親にとても感謝しています。

魂がこの世に命として生まれてくるには両親が必要です。あなたは「カルマ」

という言葉を聞いたことがあるでしょうか？　カルマとは、ある行動をとったら、同じ行動が自分に戻ってくるということ。魂として、地球に生まれてくる理由はこのカルマを解消するためです。親になるという選択はとても大切で、大変なことでもあります。

同じ親を持つ兄弟姉妹としてこの世に生まれても、魂がこの世にくる時は１人１人が別々で、それぞれ違う契約を親と結んでいます。親もまた魂なので、それぞれの目的や課題をもってこの世にきています。

それぞれの魂の課題によって、あらわれかたは異なるのです。

「うちの親は兄ばかり可愛(かわい)がって、自分はほったらかしにされた」

きょうだい間のえこひいきがあるといった恨みごともよく聞きますが、それは当然の話です。親が同じであっても、魂は１人１人違う。兄と妹、姉と弟、兄弟姉妹がまったく同じ親子関係であるほうが、むしろ不可能なことです。

私の魂は、愛情に満ちあふれ、男女が平等にいられ、すべての宗教が同じように扱われている環境に生まれてくることが大切でした。そういう環境の中で育つことが私の魂の選択でしたが、その後の使命では、モーリシャス島に残る必要はありませんでした。私は21歳でモーリシャス島の家を出て、自分の道を歩き始めました。それからモーリシャス島に戻ったのは一度だけです。両親には二度と会うことはありませんでした。非常に愛情あふれる両親との関係でしたが、ほとんど執着はありませんでした。

もしもあなたが親子関係に悩み、苦しんでいるのなら、親にたくさんのことを教わるという、魂の契約がある証拠です。お互いが抱えているカルマを、この世で解決するという課題を持っているのです。

あなたが考えている理想の親は、存在しません。

あなたの魂に何かを体験させ、カルマを解消する約束をした1つの魂。親とはそういう存在です。

そして、すべての魂の目的は、さまざまな体験を通して愛になることです。

本来の自分の喜びを取り戻してください。

子供は親の悲しい顔、怒った顔、困った顔を見るのがとてもつらい。

「お母さん、お父さん、私の分の幸せをあげるから、幸せになって……」


子供はしばしば、親にエネルギーをあげてしまうことがあります。

いつも大変そうなお母さんを喜ばせたい、可愛がってほしい。

いつも怒っているお父さんになんとか笑ってほしい。

お父さんとお母さんにけんかをしてほしくない。家の中が平和になってほしい。

なんとか親を喜ばせようと、なんでもするのが子供です。けんかをしている両親を見ると、自分が原因だと罪の意識に苛(さいな)まれる子もいます。こうして子供は自分が持っている喜び、楽しさ、嬉しさ、無邪気さ、純粋さ、子供らしさ、遊び心といった純粋なエネルギーを親のために手放し、感情をなくした大人に育ってしまうのです。親に喜んでほしいという切実な願いが、その子を不幸にしてしまう。つらいことです。

あなたがもし、笑えない、楽しめない、素直になれないのなら、子供の頃、それを全部親にあげてしまったからです。

今からでも、そのエネルギーを取り戻すことができます。そのために私はプロファウンド・ヒーリング・ジャーニーというプログラムを作って、行っています。この本にもそのジャーニーのワークを少しずつ紹介していきましょう。

親からもらってしまった、自分らしくないエネルギーを親に返して、生まれ持った自分の素晴らしいエネルギーを取り戻せば、本来、生まれ持った、自分の本質である笑いや喜びを再び持って、明るくなった自分にびっくりするでしょう。

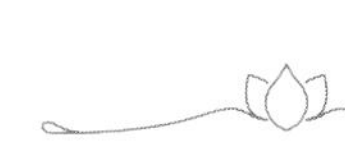

その人を好きになれなくても感謝はできます。

どうしても親とうまくいかない。好きになれない。
そんなときも産んでくれたことだけは感謝してください。

「自分の親が好きになれません。親子関係がうまくいかないから、結婚もできない気がします」ジャーニーではこういう声を聞くことが珍しくありません。

親子は人生で最初に出会う人間関係。子供にとって、お母さんは最初に出会う女性です。お父さんは最初に出会う男性です。お父さんみたいな男性と結婚をし、お母さんみたいな女性と結婚するのは珍しくないことです。この2人との関係で一生にわたる男性関係、女性関係が形づくられます。それほど重要なことなので、その関係性をはっきりさせることが大切です。


「母に愛してもらえなかった」

「父はよく私を殴った。こわかった」

「父にいつも『おまえは価値がない』とののしられて育った」

「優秀な姉と比較されてコンプレックスのかたまりになった」


私たちは両親から生まれ、両親のDNAを受け継ぎ、両親が作る環境の中で育ちました。その環境から私たちの今世の課題、パターン、癖などをすべて受けています。だから親と同じような問題を抱え、親と同じような行動、態度、感情を持って育ちます。それが根っことなり、私たちの潜在意識の一番奥深いところに根づいて、一生そのエネルギーに自分の人生が定義づけられます。両親の考え方や態度がたとえ嫌いでも、それに強く影響され、一生が振り回されてしまいます。たとえ両親と同じになりたくなくても、気づいたら親と同じ態度で、同じような言葉を口走っていることに気づく時があります。

それは言葉や態度だけではありません。エネルギーは感情面、精神面、肉体面と、私たちの組織全体に広がっていますので、肉体的な支障も親から受け取ることがあります。

私たちはこの地球にくる時は目的があって、達成する課題があって地球にやってきます。その課題を達成させるために産んでくれる親が必要です。産んでくれるのだけでなく、その目的を達成する環境を整えてくれる親が必要です。たとえば、前世で自分の子供を見捨ててしまった、そういう行い（カルマ）を正しに今回生まれてきたとしたら、今度は自分を見捨ててくれる親を探すかもしれません。

自分が持ってきた課題を果たすために、産んでくれて、環境も整えてくれた。その親の魂はあなたに大きな愛を持っているからできることです。地球に生まれてきた時にはお互いにその約束を忘れてしまいますので、その愛さえ忘れてしまいますが、本来はその気持ちがあったから親子としての関係を持ったのです。
そのために親に大変な思いをさせられる子供がいます。見捨てられたり、暴力を振るわれたり、束縛されたり。

子供として、「母が嫌い」という、むき出しの怒りが出てくるかもしれません。自分でもびっくりするほど強い感情かもしれませんが、そういう気持ちを抑圧せずに、自分で認めて、受け入れてください。その嫌い、苦しい、自由にしてほしい！　という気持ちを持ってよいことを知ってください。そして、それをずっと我慢してきた自分にその気持ちを感じることを許してください。自分の気持ちに素直になることができたらハートが自然と開き出します。自分のハートと気持ちが感じられるようになります。

その気持ちに抵抗しないでください。親に対してそんなことを思ってはいけないと、自分の気持ちをもうこれ以上否定しないでください。そういう気持ちを認めて、受け入れていくことで、その気持ちは変容されていきます。どんどん自分が軽くなっていきます。そしてやがては自分の中の光も認めて、受け入れられるようになります。

覚えておいてほしいのは両親への感謝です。魂がこの世に受け入れてもらえる確率は非常に少なく、奇跡です。だからこの世に産んでくれたことに感謝してください。

感謝は好き嫌いを超えて、愛につながるための道です。好きになることと、愛することは違います。親との不健康な関係を断ち切ることができたら残るのは本当の愛と感謝です。

旅立ちの時がきたら、引き止めずに見送ってください。

引き止めるのが愛ではありません。
愛を持って自由にしてあげてください。

親が大好きで、親ととても近しい関係の人もいます。お父さんを尊敬し、お父さんと同じような仕事をし、お父さんのように生きる男性。お母さんと大の仲良しで、なんでも相談し、行動をともにする女性。

子供も親もその関係に満足しているので、一見、なんの問題もなさそうです。しかし、親と子は本来、独立した別々の魂です。いつまでも同じ〝パターン〟を共有し、そこにしがみついていては、どちらの魂も、この世界で学ぶべきことを何も学べなくなってしまいます。

親は子供の魂が誕生するための受け入れ先です。何もできない赤ちゃんが歩き出し、話すようになり、いろいろな力をつけて大人になったら、別れていくのが自然なことです。すべての親子に必ず別れがやってきます。どちらかが死ぬ時はその別れの1つです。


ある男性は、お母さんが大好きで、とても強い絆(きずな)で結ばれていました。お母さんにしがみつくあまり、結婚したら奥さんをお母さんのように扱い、娘が生まれたら娘に対しても、お母さんに甘える息子のような気持ちを持っていました。もちろん、表面的な態度としては父と娘なのですが、根っこのところで「女性が持つ母性への甘え」が消えないのです。

彼は奥さんや娘以外の女性たち、仕事関係、友人といったまわりの女性たちにも、「お母さんのようなやさしさ」を要求する。つまり、自分勝手なふるまいをしても、「きっとわかってもらえる」と思い込んでいるのです。

傷つけるようなことをしても「そんなつもりじゃない」。大人になり、責任ある仕事をしていても、根っこの部分では「ママの坊や」のまま。何をしても許してもらえると安心しています。これでは誰とも良い関係は築けません。

やがてお母さんが歳（とし）をとり、病気になった時、彼は献身的に世話をしました。

「絶対に死んでほしくない」とあらゆる治療をするよう、医師に頼みました。

しかし、この世で人生を体験した魂は、契約の時期がきたら別の場所へと旅立ちます。その旅立ちこそ私たちが「死」と呼ぶもので、この世にいる者がいくらしがみついても、引き止めることはできません。

数年前、私は修行のために、ヒマラヤの山奥のベトラーという小さな村に滞在していました。するとある日の午前三時頃、不意に父の魂が、私に別れのあいさつに来ました。

間違いなく、モーリシャスの父の魂でした。私は父が大好きですから、とっさに「パパ、だめ。行かないで！」と言ってしまいました。

夜が明けて確かめようにも、電話もつながらない山深い場所です。それきり忘れていたのですが、一カ月後に山を下りた時、実家に電話をかけてみました。まず、妹が出たのに驚きました。ヒンドゥー教の文化には里帰りというものがなく、結婚した妹が実家にいるなどありえないことです。

「どうして家にいるの?」と妹に聞いたところ、「パパが大変なの。一回死んで、お医者さまもご臨終ですと言ったのに、急に生き返ったのよ!」との答えです。驚きました。あの時、私が引き止めてしまったせいです。私の人間としての執着が、父の魂が旅立つ邪魔をしてしまったのです。

私は死の床にある父に電話をかわってもらい、眠っている父にこう伝えました。

「パパ、ごめんなさい。もう行っていいよ。私はパパの旅立ちを祝福します」

父は、それから間もなく亡くなりました。


旅立ちの時がきた魂を感情のままに引き止めてしまうと、魂は本当に行くべきところへ行けなくなります。生きている人の執着に引きずられ、中途半端なかたちでこの世に残っても、いいことはありません。

自分自身のこの世への執着で死を拒むのもいけません。体の自由もきかず、ただ寝ているだけで生きていても、魂は幸福ではないのです。

その魂が契約した「この世で果たすべきこと」が終わったら、死を迎えて旅立っていくのは自然なことです。

１００歳でも50歳でも５歳でも、死を迎えるとは、この世での契約が終わったということ。それははじめから決まっていて、誰のせいでもない。悲しむべきことでもないのです。

親が死を迎えるなら、親の魂がこの世で果たすべき契約が終わったしるし。いわばこの世界からの旅立ちです。

「別れるのがつらい」

「ずっと元気でいてほしい」

このように引き止めるのは、やめてください。

延命治療などで無理に引き止めるのは、本当のやさしさではありません。

この世でやるべきことを終えた魂は、「どうぞ次のところに旅立ってください」と自分の愛と祝福で見送ることができたら一番です。

親が亡くなったあと、いつまでも悲しんでいてもいけません。「ずっと私を見守っていてね」と頼んでもいけません。40日間は思いっきり泣いて、悲しんで、寂しがってください。その後はページをめくるように、親の魂を送り出し、自分の人生を続けてください。親に執着なく、こだわりなく、自分の人生を歩み続けてください。

死を境にこの世を去った魂は、もう次の素晴らしい旅を始めています。この世で味わった苦しみや、愛ゆえのしがらみのすべてを絶って、解放され、自由になっているのです。小鳥が鳥かごからやっと出た、という素晴らしい解放感を味わっています。それを悲しまないでください。引き止めないでください。愛を持って見送ってください。

子供を自由にしてあげましょう。

夫(妻)を愛するときは、一生一緒にいられるように愛してください。
子供を愛するときは、
いつか家から出られるように愛してあげましょう。

私には2人の子供がいます。その子供たちに多くの愛を捧げて育ててきました。彼らがまだ幼い頃は、私は仕事もやめて、2人を育てることに専念しました。そしていずれはしっかり自立できるように教育してきました。

下の子供が11歳の頃、私は使命を歩むために、家を出ることになりました。いつものように家族で食卓を囲んでいると、大天使ミカエル、サンジェルマン、イエス・キリストの3人のマスターが降りてきて、私に告げました。

「もう世の中に出る時がきた。準備をしてください」

驚きました。３人の姿ははっきりと見えるもので、言葉も明確でした。そして、次にサイババに会った時にも同じことを言われました。

私は子供たちに尋ねました。

「お母さんはこれから世の中のためにワークをすることになりました。けれど、あなたたちはお母さんが近くにいなくて大丈夫？」

子供たちの答えは明確でした。

「それがお母さんの仕事なら、そうするしかないんじゃない？　大丈夫だよ、行ってらっしゃい」

私は、「何かあったときは必ず2人のところにすぐ行くから」と約束して、今の世の中のワークに向けて、２人に見守られながら出発しました。

その数年後、私がちょうどあるグループをエジプトに連れて行っている時のことです。私が大ピラミッドの中にいる時、息子から「僕はもうお父さんのところに住みたくないから、お母さんに引き取ってもらいたい。弁護士と会って書類をすべて用意したので、1日でいいから帰ってきてください」という電話があり、私は約束通り急いでフランスに帰り、書類にサインをし、また急いでエジプトに戻りました。息子が14歳の時のことでした。

私は、彼らを厳しく育てましたが、今では2人とも完全に自由であり、それぞれ自分の選んだ道で活動しています。1人は28歳で博士号をとり大学教授となり、もう1人はヨーロッパで政治活動をしています。

2人とも自由、母である私も自由。これが健康な親子関係です。私は親としての役割を果たしました。

私は21歳の時にモーリシャス島を出ました。本来はイギリスの医学大学に行くはずでした。学校もすべて決まっていましたが、出発直前になって、あるフランス人の女性に出会ったことがきっかけでどうしてもフランスに行かなければならない気になりました。

急遽（きゅうきょ）、フランス行きに変えた自分の意思は、両親が決めてくれていた道と違っていましたので、私は一切、両親から資金の援助をもらわないことにしました。自分の意思で選んだ道なのだから、何があっても、成功するのも、自分にかかっているのだと親が言ってくれました。

モーリシャス島では大家族でとても仲良く生活をしていたので、フランスで暮らし始めた頃は、両親からはじめて離れて、慣れない都会での暮らしに入り、最初はとても寂しく、毎日毎日、島の両親に電話をかけては泣いていました。

はじめはそれを聞いてくれていた両親ですが、ある時、父にこう言われました。

「島を出て自分の道を歩むというのは、自分で選んだことだね？　自分の人生を自分で決めたように歩むのだから、しっかりと自分を持ってやりなさい」

その言葉が、すとんと腑に落ちて、染み渡りました。

そこで、自分の道を一生懸命歩む決断したとたんに寂しさは消え、自分の生活に専念することができました。その後も家族との身近な絆は持ち続けましたが、モーリシャス島には何十年も戻らず、父や母が亡くなった時にも帰省しませんでした。

再びモーリシャスの地を踏んだのは、60歳を過ぎてから。インド初の女性ジャガットグルの称号をいただいたあと、モーリシャス島の大統領に招待されたときです。それが地元の新聞に載り、驚いた親戚(しんせき)一同が滞在先のホテルに会いに来てくれ、21歳以来の再会をしました。

「過去も未来も忘れて、今だけを見ます」

この姿勢で子供を愛すれば、たっぷりと愛情を注ぎながら、その子の巣立ちを祝福できるようになります。

自分で自分を抱きしめましょう。

ハイヤーセルフにつながるには、
ローワーセルフの話をまず聞く。
自分の中の迷子の子供を見つけて、認めてあげてください。

人格（パーソナリティ）は、親や環境を通じて受け継いだ過去の〝パターン〟のあらわれで、本来のあなた自身ではありません。これは、わかっていただけたと思いますが、その「あなた」とはなんでしょう？

あなたはひとつの魂であり、神聖なる存在です。思いやりがあり、美しさがあり、豊かさがあり、理解があり、慈（いつく）しみにあふれる無条件のハートです。神聖なるハートです。

ただ、あなたはそれを忘れているだけです。

「悟り」とは修行の先にあるものではなく、本当の自分に戻ること。

親から受け継いだ〝パターン〟を始めとする不要なものを、まるでタマネギの皮のようにどんどんはがしていけば、この世にやってきた時のあなた、純粋な魂、完璧なハートがあらわれます。それが本当のあなたです。

生まれた時のあなたは悟っていました。

恐れも不安もない。罪悪感も恥ずかしさもない。怒りも悲しみも苦しみも、疑いも嫉妬も人を裁く気持ちも持たない。あなたは悟りを得て透明に輝く光です。今はそれを忘れているだけです。

人生とは、本当の自分を思い出す旅です。親は自分がこの世に生まれる窓口を作り、この世にいる間に解決すべき課題のきっかけを作ってくれました。それをまず知ってください。そして、その観点から親との関係性を見つめ直すのです。

私がこの話をした時、泣き出した女性がいました。

「自分で自分を好きになるなんて、無理です。私は自分を好きになれません。どうしても自信が持てなくて、いつも他人の目を気にしています。親に気に入られるように、怒らせないように、ビクビクしながら生きてきました。友だちにも嫌われないように振る舞っているのに、本心が出せない自分のことは嫌いなのかもしれません」

彼女は自分の〝悪いところ〟を責め、恥じ、嫌い、苦しんでいました。

彼女が嫌う〝悪いところ〟とは、苦しくて駄々をこねている小さな女の子のことです。子供は周りの迷惑など考えず、遠慮もせずに泣き叫び、怒り、わがままを言います。悪い人とか、嫌な人とかではなく、ただの子供なのです。「私を見つけて！」と泣き叫んでいる迷子の子供です。

あなたの中には、ハイヤーセルフ（高位の自己）とローワーセルフ（下位の自己）がいます。本当の自分に目覚め、光の自分を知りたいと思ったらまずローワーセルフと仲良くなることです。

ローワーセルフは多くの場合、この子供のように、幼い時の自分の不満や怒りなどを抱えたまま成長できずに大変な思いをしています。ローワーセルフが抱えている傷や苦しみを聞いてあげ、大人の自分としてなぐさめ、愛を捧げてあげることで、そのローワーセルフが癒されます。

その存在を認めてあげましょう。話を聞いてあげましょう。小さな子供とみなして、「よしよし」と抱きしめてあげましょう。

しっかり！　あたたかく！　やさしく！

大きな愛で自分を包み込んでください。

私はあなたに、ハートの情熱を使って、自分が愛そのものだと思い出してほしいのです。

Chapter2

「不要な服」のように
いらない感情を脱ぎ捨てるのです。

～不要な感情を浄化する方法～

未来も過去も存在しません。今、現在しかないのです。

本来のあなたを遠くに探しに行く必要はありません。

あなたは最初から「それ」なのです。

あなたはおそらく、「私はこういう人間だ」という自分についての定義をもっているでしょう。

「私は人と打ち解けられない」

「私はすぐ心配になってしまう」

「私はちょっとしたことで相手を批判してしまう」

しかし、そう思っているのはあなたのパターンです。今までも話してきたように、このパターンはあなたの両親や環境からきたものであり、自分の本質からくるものではありません。

あなたは今、この瞬間、誰かと打ち解けられない経験をしていますか？

たった今、心配になっていますか？　今、誰かを批判していますか？

違うはずです。あなたは今、本のページをめくっているだけです。打ち解けられなかったり、心配したり、批判したりしていたのは今まで繰り返してきた癖です。いつもそうしてきたからそれに慣れているだけです。それはあなたの過去の体験ですが、この今には当てはまらないものです。私にとって存在するのは今、現在のみです。私が影響できるのもこの今です。


自分の人生をより素晴らしいものにしていく責任は、1人1人にあります。これは刻々と自分にあらわれる選択をどう選んでいくかで築き上げられていきます。

積極的に行動をとるのです。

行動し、柔軟性を持ち、ハートをオープンにしてください。

「今までより素敵な、本当の自分になれる」というインスピレーションを持ってください。

「本当の自分になる」という決断をして、それに向かって踏み出してください。じっとしているだけでは、何も得ることはできません。挑戦をしてください。人生を両手でつかんで、前進するのです。

怖いかもしれませんが、踏み出してみなければ、どう怖いかすらわかりません。新しい自分にどんな服が似合うかは、着てみなければわからないのと同じです。

何かやってみて「これは自分には合わない」と思ったら、もう一度、やりなおせばいいのです。何度でも、やりなおせばいいのです。何も恐れる必要はないのです。

新しいエネルギーで脳を活性化し、ハートの奥底のパワーを使って自分の人生をデザインしなおす方法をこれからお伝えしていきましょう。

ストーリーはもう必要ありません。

批判をしている時は自分を受け入れられていない時。
人を非難するのはやめて自分を見つめましょう。

人間はよくそれぞれが抱えている「ストーリー」を語ろうとします。
それにはあまり幸せの物語はありません。親きょうだいのあらゆること、友人の心ない言葉で切り裂かれたこと、職場のあれこれ、配偶者や子供のこと、病気や怪我、民族とコミュニティの問題、愚痴や陰口、噂話。たくさんの苦しみ、怒り、悲しみの物語があります。

「聞いてください、マー。子供の頃に父が……」

「あの時の姉のひどい言い方に、どれほど傷ついたか……」

誰かがこんなことをした、誰かがあんなことを言った、何かがこんなふうになった。

お父さんがどうしようと、お母さんがどうしようと、そんな物語はもう続ける必要はありません。あなたの人生を変えられるのはあなただけです。今、ここでとる決断でそれが変わっていきます。何を選択しますか？　あなたを不幸だと思わせてきた物語ですか？　それともあなたの喜びとなるものですか？

生まれた時、光に満ちあふれていたあなたは、親や環境から〝パターン〟を受け取ったと前に書きました。怒り、恥、罪悪感、悲しみ、批判、疑いといった感情が、親によって無垢な魂に植えつけられ、根を張ってしまったのです。その根っこが環境によっていっそう深く根づいていきました。

植えつけられた感情は、潜在意識のレベルに入り、そこから振動し、それに連動した「物語」を引き寄せていきます。感情にはエネルギーがあり、似たエネルギーを呼び寄せます。潜在意識のレベルに根づいているため、なぜそういう感情を引き寄せているかさえわからずに引き寄せています。

たとえば、親に植えつけられた怒りという感情が物語をつくり、「子供を頭ごなしに叱りつける教師」という次なる怒りの物語を引き寄せます。その物語は枝葉となって広がり、「いつも人を見下す同僚」といった次の怒りの物語を引き寄せます。こうして怒りの木が大きく成長してしまいます。

物語はまた、自己正当化を招きます。「怒り」という感情より、「私が怒るのは相手がひどいことをしたから当然だ」「あの人の仕打ちは許されない」という理屈が優先されるのです。自分がヒロインの、悲劇の物語のできあがり。こうして怒りという感情は理屈で何重にも包み込まれ、手がつけられなくなります。

あなたは繰り返し、つらい過去について語り続ける癖がないでしょうか？「あの振る舞いは許せない」などと、自分の中で物語を何度も反芻していないでしょうか？　もしそうなら自分自身さえ、物語の世界に閉じ込めてしまっています。

だからもう、「人生の物語」は捨てなさい。手放すだけでは足りない。手放すものは再び手に取ることができるから。捨てるのです。完全に。

物語に反応し、本質から逃げるのはもうおやめなさい。

あなたが見るべきは物語ではなく本質、つまり光であり、喜びであり、自信であり、健康であり、活気に満ちた、本当の自分の存在そのものです。

人の目を気にせず、
自分の感情を素直に受け入れましょう。

他人があなたをどう見るかは重要ではありません。

あなたがあなた自身をどう見るか、それがすべてです。


「人生の物語」ではなく、今、出てきている自分の感情を素直に感じてください。

それはなんですか？

怒り？　恥？　罪悪感？　悲しみ？　それとも不安？

何にせよ、それを素直に感じることが問題解決の第一歩です。何かをおおいかぶせるのではなく、正直に中身を認めてください。感情はエネルギーです。認めて、受け入れてもらいたいエネルギーです。

さあ、その感情のエネルギーの対応の仕方を、がらりと変えましょう。

「あの時、お母さんがこうして、私はそれに傷ついて、お父さんがこう言った」

「会社のあの人がいつもこんな発言をして、上司がこうで、私をイライラさせる」

これが今まであなたがやってきた、「物語」を語り、同じパターンの「物語」を引き寄せる解決方法です。これからはそうではなく、感情だけ認めて、受け入れてみましょう。

「私は怒っている。腹がたつ！ 頭にくる！」

「悲しくてたまらない」

「いやだ、いやだ、ああ恥ずかしい」

ただ、これだけ。登場人物はあなただけ。本当に、シンプルです！

感情が吐き出されてきた時、まずはそのことを認めてください。あ、私は今、怒っているんだ！ そして、「こんなに怒ったら人は嫌がるから、我慢しなくちゃ」と押し込まず、それをまず認めて、今度はそれを受け入れるのです。存分に味わうのです。最後にその怒りを自分のハートに迎え入れてください。ハートはとてもパワフルです。すべての感情を高い波動に変容させてくれます。

生まれた国によってさまざまな国民性があります。そして、感情の傾向もあります。たとえば西洋人は罪悪感と否定、人を裁いて非難する感情が強い場合がよくあります。国によって違いがありますが、大まかに言って西洋の国々は、頭で考えすぎるために、感情を理屈でねじ伏せてしまう傾向があるようです。

日本人の場合は、人の目を気にするあまり、我慢して、感情を抑圧し、蓋(ふた)をしてしまう国民性だと思います。来日して気づいたのですが、人の目をいつも気にしているという抑圧は、日本の人たちにとって信仰心と同じくらい強いようです。

私は「プロファウンド・ヒーリング・ジャーニー」と呼ぶワークに小道具を使いますが、日本でよく使うのは、目がいっぱい描いてあるお面です。これは、人にどう見られているか、世間を気にする感情を象徴するお面ですが、大半の日本人は、そのお面をみると「あっ、私は人の目が怖いんだ、いつも気にしているんだ」と気がつきます。

あなたも人の目を気にするあまり、我慢が癖になっていませんか？

「傷ついて怒っているけれど、顔に出したら嫌われる」

「私は楽しくないけれど、みんなが楽しそうにしているから笑っておこう」

こうしてまわりに合わせて感情表現を抑えていませんか？

我慢を続けていると次第に麻痺（まひ）してきて、感情が感じられなくなります。自分が怖いのか、怒っているのか、悲しいのかもわからなくなります。「部分的な心の麻痺」などありえないので、喜びも感じなくなります。生きる喜びはどこへ行ってしまったのでしょうか。自分でその喜びが感じられなくなったのはいつでしょうか。あなたは自分の気持ちを今、感じていますか？　それを素直に表現できますか？

自分を抑えるのはやめましょう。

我慢はもう、やめましょう。

人の目を忘れて、思い切り自分の感情を素直に感じてください。

怒りを浄化していきましょう。

**怒りを我慢して抑えることで、
どんどん怒りを引き寄せます。
意識して怒りを浄化することで、自分自身を解放します。**

怒りは悪いもので、抑えつけなければいけないと思い込んでいる人は少なくありません。特に女性は、「穏やかでありたい」と願うために怒りを溜め込みがちです。

しかし、怒りそのものは良くも悪くもありません。ただのエネルギーです。潜在意識の中に封じ込められた、表現されようとするエネルギーです。その怒りを抑えつけると、怒りを圧力鍋に放り込んで、さらに圧力をかけているようなものです。怒りのエネルギーはあなたの中で嵐のように荒れ狂ってしまいます。その圧力のかかったまま蓋を開けたら、あなた自身が吹き飛んでしまいます。そんなことにならないよう、怒りを表に出してあげてください。やり方は2つあります。

1つ目は、その怒りのエネルギーを100％感じることです。

大半の感情は100％感じないままに抑えてしまうので、ずっと自分の中に封じ込められてしまっています。怒りを感じたら、100％それを感じる。それだけのシンプルな方法です。

湧き上がる怒りを抑えて、抑えて、抑えたあげく、抑えきれずに爆発した場合、周りも自分も破壊するほどの手に負えないエネルギーになりますが、抑えずにその怒りを認めて、受け入れて、ハートに迎え入れることで、そのエネルギーは変容され自分の中から消えます。

怒りは動的な強いエネルギーなので、怒りを燃料に行動を活性化することもできます。怒りを原動力に前向きな行動を起こし、世界を変えた偉大な人はたくさんいます。

不思議なことに、怒りの感情は90秒以上感じ続けることができません。きちんと感情を感じれば、ふっとトンネルを突き抜けるように、何かが変わります。トンネルの途中で止まったり、逆戻りをしないことです。あなたの中の怒りのエネルギーが、違うエネルギーに変容するのです。

2つ目は、その怒りを認めて、受け入れて、ハートで迎え入れることです。まず「あっ、私は怒っている」と自覚します（その感情があることをお腹で感じ、認める）。感じてすぐ怒るわけではない。無理に抑えつけるのでもない。ただ「あっ、怒りが来た」と認識してください。

怒りにまつわる「物語」が浮かんできても、やり過ごしてください。怒りだけを感じきることで、それを受け入れます（腹から太陽神経叢（そう）に持ち上げ、受け入れる）。

そして、最後にその怒りのエネルギーをハートで迎え入れる（歓迎する）。

私はこれを、「エネルギーの浄化」と呼んでいます。

怒りにしろ、不安にしろ、感情のエネルギーを浄化するには、まず根っこに隠れた感情を表に出さなくてはいけません。逆に言うと、怒ったり、イライラしたりするのは、エネルギーを浄化するいいチャンスなのです。

一度浄化したら、二度と怒らなくなるわけではありません。嬉しいことに、浄化したエネルギーは再び怒りのエネルギーに戻らないのですが、怒りのエネルギーはたくさんあるので、次々と出てきます。

親から受け継いだパターン、環境から受け継いだパターンなど、何世紀にもわたって蓄えてきた怒りがあなたの根っこに宿っているので、その後も何層にわたっての怒りが出てくることがあるでしょう。

たとえて言うなら、地下1階にしまい込んでいた怒りが浄化されてなくなったら、地下2階の怒りが出てきやすくなります。出てきた地下2階の怒りを浄化したら、今度は地下3階が出てくる……という具合です。潜在意識層、無意識層には何層にもわたって、代々引き継いできたパターンや癖が宿っています。もしかしたら地下５００階まであるかもしれませんが、浄化の方法を知っていれば、いずれは絶対に片づきます。

その意味で、あなたを怒らせる人は、片づけを手伝ってくれる人。表面的にはそう思えなくても、その関係には愛があるのです。

悲しみの輪を断ち切ることです。

人のやさしさは、弱さではありません。

何よりもやわらかな水は、岩を砕く力を持っているのです。


あなたにとって大切な人。子供、親、夫や妻、恋人、友人。その大切な人が悲劇に見舞われ、悲しみの底に突き落とされてしまったら、あなたはどうしますか？

一緒に泣いてしまうかもしれません。

「大変だね」となぐさめるかもしれません。

「そのつらさは、よくわかる」と共感し、抱きしめるかもしれません。

でも、一緒になって悲しんでいてはなんの役にもたちません。

悲しみという感情もエネルギーですが、波動の低いエネルギーです。

悲しい人と一緒になって悲しんでいたら、あなたのエネルギーまで引き下ろされてしまいます。そうなると相手に手を差し伸べるどころか、相手の悲しみのエネルギーを増幅します。さらにあなた自身も悲しみのエネルギーを引き寄せてしまいます。一緒になって泣いていたら、共鳴の法則で、お互いのエネルギーを引きずり落とし合うことになります。

たとえ思いやりのつもりでも、善意のつもりでも、一緒になってむやみに悲しむだけの同情はやめましょう。それは何の役にも立たない、偽物のやさしさです。

本当のやさしさは違います。悲しみに沈んでいる人がいたら、その時こそパワフルに、力強くなる時です。光の柱となって、悲しみから抜け出すリーダーになるのです。

災害や事件に巻き込まれた場所にボランティアに行って泣いていても、何ひとつ役に立たないのと同じこと。光となって、てきぱきと動き、1つでも多く瓦礫（がれき）

を片づけ、たとえ質素でも温かいスープをつくったほうが、悲しみに沈む人の役に立ちます。

あなた自身が悲しみにとらわれた時も同じです。悲しみの物語に浸りきって、まわりの人に同情を求めてはいけません。

悲しみのエネルギーが引き寄せる悲しみのエネルギーは、もっと悪い状況を作り出します。あなたを悲劇のヒロインとした偽りの物語に、人を巻き込んではいけません。その時は癒された気がしても、成長もなければ解決もない。たとえ身近な人が亡くなったとしても、40日間は思いっきり亡くなられたことを悲しみ、しっかり泣いて、恋しく思ってください。それも100％です。でもその40日間がたったら、そのページをめくって次に進んでいきましょう。

悲しみにも、どんな感情にも、前項のツールが役立ちます。「あ、悲しい」と思ったら、「悲しくなっちゃダメだ」と抑圧しないで。まずは意識的に大きく呼吸をしてそれを感じましょう。息を止めた瞬間エネルギーは止まりますので、意識して呼吸をしてください。

深呼吸。深く息を吸います。ゆっくり吐きます。

「ああ、これが悲しみなんだ」と、好奇心を持って悲しみを観察しましょう。息を吐きながら、悲しみを味わいましょう。

一生懸命「悲しもう！　悲しもう！」と思っても、90秒以上は保てないものです。悲しみのエネルギーは、抵抗していると何時間でも力を発揮し続けますが、素直に100％感じたら、ふっと他のエネルギーに変容します。これは怒りのエネルギーも同じです。

怒りや悲しみが宇宙のエネルギーに変容し、あなたから離れていきます。どんな感情でも同じです。強く感じれば感じるほど、自分の中に強く残っているということなので、それをしっかり感じて変容していきましょう。

もう一度お伝えします。これはどんな感情にでも使えるツールです。嫉妬、不安、疑い、批判など、いらないエネルギーを手放してすっきりしましょう。大丈夫、あなたにはできます。悲しみで人とつながる、偽りの輪を断ち切りましょう。

低次のエネルギーは高次のエネルギーで上書きしましょう。

許すことで、鍵のかかったドアが開き、
人は自由になります。
自由になることでより高次元へと進むことができます。

どうしても感情にとらわれてしまうなら、一番簡単な解決策を教えましょう。
低いエネルギーに高いエネルギーを〝上書き〟することです。
たとえば、「否定」という波動の低いネガティブなエネルギーは、「信念」という波動の高いポジティブなエネルギーで上書きする。「罪悪感」という低次のエネルギーは「自信を持つ」という高次のエネルギーに上書きするということです。
やり方としては、3つのステップとなります。

たとえばあなたが、友人にイライラし、批判的だとします。そんな時、一番やってはいけないことは、「よくないいな、いちいち批判するなんて意地悪だな」と、自分を批判することです。その点をしっかりと意識して上書きしていきましょう。

ステップ1　自覚

まずは自分の状態を知りましょう。気象状況を伝えるキャスターのようなものです。白黒つけずに「私は今、批判しています」と客観的に状況を描写してみます。白い壁に自分の気持ちを映し出すようなイメージをするといいでしょう。

ステップ2　受け入れ

自覚しただけで批判のエネルギーは弱まります。そこで、大きく深呼吸します。批判している自分を認め、受け入れてください。「私は批判している」と。

ステップ3　上書き

批判という波動の低いエネルギーが消えたところで、代わりの感情に上書きします。たとえば「受け入れ」だけでもかまいませんし、「思いやり」でもいいでしょう。

ポイントは、「あ、こういうエネルギーがある」と確認したら、「じゃあ、このエネルギーの代わりに、これを選ぶ」と違うものを選択するだけです。

この3つのステップは、呼吸とともに行うとより効果的です。

息を吸って現状を自覚し、息を吐いて描写する。息を吸って「批判している自分」を受け入れ、息を吐いて批判のエネルギーを吐き出す。息を吸って「受け入れている自分」というエネルギーを新たに取り込み、ゆっくりと息を吐いて整える。《スーッ、ハーッ》という呼吸だけで感情をコントロールできる簡単な方法です。

慣れれば数秒でできるようになるので、どんどん試してみてください。

親にエネルギーを返してください。

生まれた時はみんな純粋で無垢な状態です。
親や環境からもらったものは、返していきましょう。

怒りや悲しみといった感情を100％味わい、観察する。それが感情を浄化して手放す基本的なやり方です。

本書ではさらに、深いワークに入っていきます。自分の持っているすべてのパターン、感情的な癖やあり方の根っこは親にあります。ですから、いろいろな感情が浮上してきた時、その感情はお母さんから、それともお父さんからもらったものか感じてみてください。何度も述べている通り、怒りも悲しみも魂が生まれながらに持っているエネルギーではなく、親や環境から受け継いだもの。親からもらったものを親に返すのですから自然なことです。

「私はすぐにイライラしてしまうけれど、そういえばお母さんはいつもイライラして怒っていたな。では、これはお母さんからもらった怒りなんだ」。それを自分の中で把握した時、そのエネルギーを返してください。

「このイライラをお母さんに返します！」と自分の中で力強く宣言しながら、そのエネルギーがお母さんに返っていくことを感じてください。

親に返すといっても、会いに行ったり電話をしたりして「この怒りを返します！」などと本人に宣言する必要はありません。そんなことを言われても、親はいったいなんのことか、戸惑ってしまうでしょう。

怒りのエネルギーを返しても、親には全くダメージはありません。もともとその人が持っていたものを元に戻すだけなので、悪い邪気を送るという心配もありません。返したらそれで終わりで、生まれ変わったようにすっきりします。

ネガティブな感情は存在しません。

潜在意識、無意識、顕在意識、
無意識に傷つけてしまう言葉を捨て去りましょう。

あなたが感情にふりまわされてしまうのは、理由があります。
「こんなこと、言うつもりではなかったのに」と、ひどい言葉を口にしてから、はっとするのは当然なのです。
なぜなら感情は、潜在意識にあります。意識レベルではないので、何かのきっかけで「思わず」「とっさに」「気がついたら」出てしまう言葉。
「今日から不安になろう」と意識して不安になる人はいないでしょう。

「さあ、カッとなろう」と意識してカッとなりもしないでしょう。

自覚せずにやっているから、気づかないうちに感情にとらわれてしまうということです。だからこそ、感情が表に出た時にそれを認識することが大切です。これが見えるようになると、潜在意識に何が潜んでいるのかがわかるようになってきます。表に出てくる感情を観察し、きちんと認識すれば、いずれ感情をクリアできるようになります。

逆に言うと、自分の中に潜んでいる感情を把握できずにいれば、潜在意識からいつ飛び出しても不思議ではない状態であり、さまざまなトラブルを招き、自分や人を傷つけてしまいます。

カルマについて、もう少しわかりやすく説明すると、たとえば、人にやさしくすれば、自分もやさしくしてもらえます。人を傷つければ、自分もいつか傷つけられます。潜在意識からポンと飛び出した心ない振る舞いで人を傷つけることは、巡り巡って、自分を傷つけることでもあるのです。この地球で作ったカルマはこの地球でしか解決できないので、感情とうまくつきあっていくことが大切です。

怒りや悲しみといった感情について見てきましたが、これらは憎むべきものではありません。そもそも、ネガティブな感情というのは存在しないのです。

感情はすべてエネルギーで、波動が低いか高いかの違いしかありません。愛は波動の高いエネルギーであり、恐れや怒りは波動の低いエネルギーです。

人間の本来の姿は波動の高いものだから、高い波動が一番居心地よく、本来の姿に近い状態です。逆に波動が低い状態は本来の姿ではないから、不快なのです。

こうしたことを理解したうえで、「悲しみや怒りはネガティブな感情だ。よくないものだ」と決めつけないこと。まず、そういう感情があると認め、「ただ波動が低いだけだ」と受け入れましょう。抵抗するから、手に負えなくなるのです。

潜在意識から低い波動の感情を取り除き、逆に愛、思いやり、感謝といった波動の高い感情を増やしていきましょう。そうするといずれ、潜在意識は透明になります。ネガティブでもポジティブでもない、中立している状態の波動の高いエネルギーがあれば、本物の思いやりあふれる行動がとれるようになります。

波動の低いままで相手を思いやるというのは、単なる共感に過ぎません。

たとえば「私は夫に浮気された」と傷ついている人がいたとします。波動の低い状態だと「わかるわ」と言いながら、実は「私も恋人に裏切られたことがある」と、自分の傷の部分で共感しているだけになります。本物の思いやりは、同情とは違います。理解を持って愛すること、それが真の思いやりです。

相手と共通の部分がなくても、理解できる。状況が違っても、経験が違っても、人種が違っても、理解して愛することができる。中立で透明な愛こそ、私たちの本当の姿です。

波動を高めれば、たとえあなたにひどいことを言う相手に対しても「ああ、暴言だな」と、まるで映画を見ているように静かに受け止め、「この人も何かつらいことがあるんだな。かわいそうに」と、思いやることができます。

同情もしないし、怒りもしない。つねに中立で感情のない穏やかな状態であること。それこそが、悟りなのです。

Chapter3

「最高の人生」を、情熱的に生きてください。

〜自分らしく前向きに生きるために〜

心配をしなければ、心配は消えます。

心配は無駄なエネルギーです。
迷わずに前進してください。魂は見守っています。

生まれた時から、私は心配をしたことがありません。
今、この瞬間しか見ていないので、「この先どうなるか」とか「このままでは不安だ」とか、未来について悩んだこともありません。何かがうまくいっていなければ、すぐ行動に移すから、心配しているひまがないのです。
心配とは〝あいだの感覚〟。「何かしなくちゃいけない」と思った時と、実際に何かするまでのあいだに味わうものです。思いと行動のあいだが長いと、心配はふくらんでいきます。

「もしかして、ひどいことが起こるのでは」とあれこれ考えるでしょう。

「やってみても、うまくいかないかも」と行動する前に否定するでしょう。

「前に試した時もダメだった」と、今と未来を過去に結びつけるでしょう。

心配をせっせと育てても、何かいいことがあるでしょうか？

私には味わったことのない感情なので、その意味がわかりません。

それより、行動をとりましょう。未来でなく、過去でなく、今に生きるのです。

思いと行動のあいだ、その差をどんどん縮めていけば、あなたは最高の人生を生きることができます。なぜならあなたの魂は、そういうふうにできているからなのです。

たとえ未来にどんなことが起きても、起きたときに対処すればいいのです。未来は訪れることはありません。未来はいつ到着するのか言える人はいますか？いないでしょう？　だから未来のことを心配するだけ無駄なのです。

やるべきことに専念すればよい。試験があれば、そのために十分に勉強をして、準備をして、あとは試験を受けるだけです。そのことを心配してもエネルギーの無駄です。今、自分の魂に従ったしっかりとした行動をとればよいのです。

私は「魂に悪いことは起こりえない」という信念を持っているから、心配をしたことがありません。これまでも、今も、これからも、ずっと。

あなたも信念を持ってください。「魂に悪いことは起こりえない」と。

では、どのように人生の目的を持って生きればいいのでしょうか？

人格に植えつけられたパターンを剥ぎ取り、無垢な魂に戻る。これが悟りへの道であり、魂の目的です。

しかしあなたに、いきなり僧侶（そうりょ）のような修行をしなさいとすすめるつもりはありません。むしろ存分に、思い切り人生を楽しんでください。情熱的に、心の赴（おもむ）くままに、最高の人生を味わってください。

魂が人として生を受けたのは、地球のいろいろなことを体験するためです。現に私も、若い女性として、働く女性として、妻として、母として、成熟した女性として、やりたいことをすべてやって生きてきました。

モーリシャスで育った私は21歳の頃、両親のすすめるイギリスではなくフランスに渡りました。

「親の意向に反した以上、お金をもらうわけにいかない」と、両親の援助は断りました。だから、パリに行った私は仕事もお金もなく、住む家もありませんでした。

でも、心配はしませんでした。

「仕事と住まいが必要だ」と思った時、すぐに方法を調べて「オペア」になりました（住み込みで子守りや家事手伝いをしながらフランス語を学ぶ、外国人女性のための留学制度のようなものです）。

その後、パリにある弁護士事務所の受付や花屋で働きながらパリの綺麗(きれい)なフランス語を身につけ、やがて大学に進学しました。自分で計画を立て、資金繰りも行い、好きな勉強を行い、政治活動も13年間続けて、そののち3つのセラピーの診療所まで経営するようになりました。やりたいことをいつも情熱を持って手がけてきました。できないと思ったことはありません。

自分が何か行動すれば、世の中は絶対にサポートしてくれる。私はそのことに関しては、100%の信頼を持っています。大いなる力が、きちんと自分を見てくれていると、一点の疑いもなく信じていました。

たとえばパリで暮らし始めた頃、みんなが食べていたフランスパンのおいしそうなサンドイッチがどうしても食べたかったのですが、お金がありませんでした。でも、そのサンドイッチをどうしても買って食べてみたかったのです。

私は毎日小銭を貯めて、やがてサンドイッチを買いました。

当たり前だと思うかもしれませんが、私が言いたいのは「絶対に手に入る」と信じて、お金を貯めるという「行動」をしたということ。これですべては叶います。

これはお金に限った話ではありません。私は何事に対しても、行動すれば叶うと信じており、その通りになってきたということです。

人は、疑いは信じるけれど、信じることを信じません。何の根拠もない自分の不安や疑いばかり信じて、どうして自分の「信じる心」を信じないのでしょうか?

心配は心配を引きつけ、空にわき上がる雨雲のように、もやもやとふくらみます。

信じる心は信念であり、ダイヤモンドのように硬い結晶となってきらめきます。

これからは、信じることを信じてください。あなたの魂は、そうできています。


何をすべきか気づいた時、瞬時に行動をとれるよう、自分の能力を高めてください。それが夢を叶え、目的に到達し、最高の人生を歩むための方法です。

いつも自分を信じ、変わらぬ信念としてください。いらない心配をして、これ以上、自分のエネルギーを無駄にしないでください!

あらゆるものに存在する天恵(グレース)の力が、いつもあなたをサポートしています。何があってもうまくいくことを、あなたの魂は知っているのです。

あなたの使命はあなたの魂が知っています。

あなたはなぜこの世の中に生まれたのでしょう?
神があなたに、他の誰にもできない何かを期待しているからです。

私たちはみんな、ある契約を持ってこの地球に生まれてきました。しかし、お母さんのお腹に入って、生まれてきた時にはその契約の内容をすっかり忘れてしまいました。だから、人はよく迷います。「人生の目的がわからない」「自分が何をしたらよいかわからない」。

しかし、それを知っているのはあなたの魂です。魂は前世からのあなた、この地球に来る以前のあなたのことを全部知っていますし、その記録を全部持っています。ですから、魂はあなたの地球での使命も目的もよくわかっています。

本当に自分の使命を知りたいのであれば、自分の魂との関係を深めてください。魂はずっとあなたのお供をしてきたので、誰よりもあなたの友人であり、親しい存在です。でもずっとあなたに無視されてきたので、話しかけても無駄だと思い、ずっと黙っています。

魂の存在を知った今、声をかけてあげてください。「私の大切な魂よ。ずっと無視してきてごめんなさい。もっと仲良くしていきたいから、話してください。私のことをいっぱい話してください。これからどうしていったらよいか教えてください」。そうやって毎日、話しかけるようにしてください。

時々、部屋にお花を飾って「私の魂よ。このお花はあなたへのプレゼントです」と語りかけ、2人の関係を大切に育ててください。そうすれば、魂も喜んで、話しかけてきます。

魂の声は最初はちょっとわかりにくいかもしれませんが、「ちょっとあの店まで行ってごらん」と自分の中の小声が聞こえたら、行ってみてください。何か特別な素敵なものがそのお店であなたを待っているかもしれない。「あの公園に散歩に行ってごらん」という感覚がやってきたら、行ってみて！　ずっと会いたかった人と会えるかもしれません。だんだん、奇跡みたいな出来事が起きだします。

これが魂との交流がとれてきたということです。


あなたにとって、最も大切な関係は自分の魂との関係です。

ずっとおろそかにしてしまっていたから、人生が寂しく、わけがわからないと思えていたかもしれません。

ここで、その関係を大切に育てるようにしていきましょう。

あなたの魂との新しい関係を今から作っていきましょう。

過去や未来ではなく、今を生きましょう。

過去は歴史、未来は神秘。
そして現在は贈り物(プレゼント)です。

若い人が、今を楽しんでいる姿は美しいものです。不安もなく、恐れもなく、将来のことなど考えず、完全に今、この一瞬に集中している姿には、高い波動のエネルギーがみなぎっています。

それに比べて大人たちは、「将来は不安だから安定した職につきなさい」「いくらがんばってもお金は足りない」とか、不足の観念をいろいろ持ってしまっていて、それを子供たちに教えています。

しかし、その「足りない」という観念は真実ではありません。本当は、世の中に足りないということはありません。お金も資源もエネルギーです。豊かに流れるエネルギーとして扱えば、どこにも不足は生じません。宇宙のエネルギーは無限にあります。心配するのをやめ、不安と疑いを捨ててください。地球に生きる全員にいきわたる食べ物も水もモノも十分にあります。

「私は宇宙から常にサポートされている」という安心と信頼があれば、宇宙はそれに応(こた)えてくれます。自分の中にある波動にすべての存在は共鳴していますが、これも同じです。「不足」に共鳴して、不足を自分の人生を呼び込むか、「豊かにサポートされている」に共鳴するかの違いであり、そのどちらを選択するかです。

「心配をやめるのは、難しい。不安と疑いを捨てるのも、難しい」

たくさんの人がそう言うでしょう。でも、実は簡単です。何を選択するかなのです。

未来ではなく、今、この瞬間だけに意識を100%向けて選択するのです。先のことを心配して備えても、その通りにはなりません。たとえば、将来お金がなくなるのが心配で、安定した職業に就いてお金を貯めても、絶対に安全ということはありえません。

いくら考えても、未来には手が届きません。いくら過去を悔やんでもそれを変えることはできません。あなたが影響を及ぼせるのは今だけです。今、この一瞬だけです。

過去や未来のために生きて、今を犠牲にするのはやめてください。今、この一瞬を最大限に自分の生きる喜びとなるものを選んでください。今を喜びの波動で満たせば、喜びの未来になります。今を恐れと心配で満たせば、恐れの未来を引き寄せます。現実を作り出すのは、今のあなたの意識です。

あなたに子供がいるのなら、子供自身が「今やりたいこと」を抑えつけ、あなたが頭で考えた「将来のためにやるべきこと」を押しつけるのはやめてください。

お金が稼げる仕事、社会で認められている職業、将来が安定している業種を「おまえのためだ」という言葉で強制するのはやめてください。それより子供に自分の魂の声が聞こえるように教育してあげてください。本来何をこの地球にやりにきたかがわかるように、花開くように、自分の人生を楽しく開いていけるように教育してあげるのが本来の親の役割です。今までの間違った教育ではなく、本当の真実を求める魂の教育を学んでいきましょう。

若い、美しい魂たちが大勢、今この地球にやってきています。それぞれ素晴らしい役割を持ってきています。それが果たせなくてとても苦しんでいる子供たちも大勢います。その子たちが自分の使命をのびのびと歩んでいける環境を作っていくのが、これからの親の責任です。愛を込めて、光を込めて、一緒に新しい黄金時代を迎えましょう。今の子供たちはその新しい時代の建設者たちです。大切に育ててあげましょう。

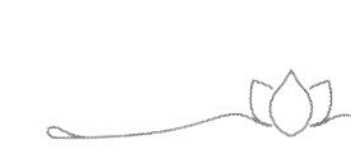

自分の中の神聖なる女性性を育てましょう。

神聖なる女性性がこの世に戻る時期です。
それによって、バランスが取り戻されます。

男女を問わず、人は女性性と男性性の両方を兼ね備えた存在です。

男性性によって、たくましく勇気を持った行動ができますし、女性性によって、思いやりにあふれ、やさしく育む行動ができます。

一般的に女性は女性性を強く持ち、男性は男性性を強く持っていますが、男性性が強い女性もいますし、逆に女性性が強い男性もいます。肝心なのは両方をバランスよく持ち合わせていることが大切です。

ところが今の世界では、あまりにも男性性が優位になってバランスが崩れてしまっています。問題を力で解決しようとするのは、男性性が強いため。もしも女性性優位の世界であれば、これほどたくさんの戦争は起こらないはずです。産んで育てた自分の子供を戦場に送り出すより、別の解決策を探す、それが女性性のやり方です。

サイマーは、聖なる母としての名前であり、私は女神のシャクティ（聖なるエネルギー）を持っています。だからこそ、自分の使命の1つは、この世界の女性性のバランスを取り戻し、女性のみなさんに自分のパワーを取り戻してもらうことです。

インドでは長い間、女性は両親や夫に自分の力を明け渡して生きてきました。最近はだいぶ事情が変わったとはいえ、全体としては男性優位の世の中のままです。だから、私はこの世に生まれてくる時の場所として、男性と女性を平等に見てくれるモーリシャス島を選びました。

日本でも、女性は男性に自分の力を委(ゆだ)ねてしまうことがとても多いようです。ヨーロッパやアメリカは男女平等だと言いますが、女性が自分の中の女性性を押し殺し、男性性を強くして活躍している場合が多くあります。「女性としての力を明け渡す」という意味で、男勝りの女性も、親と夫が取り決めた人生に従わざるをえない女性と同じように思えます。

とにかく、今のままでは、世の中のバランスが崩れていることは確かです。世の中が大きく変容するには、そのバランスが正される必要があります。それを変える使命を、あなたも担っているのです。

だから、ここで、自分の力を取り戻していくことがとても重要です。

女性的な要素と男性的な要素のバランスを取り戻し、今まで押し殺してきた女性性を蘇(よみがえ)らせてください。男性社会で生き延びるために強めてきた男性的な要素を、本当の神聖なる女性性を高めることで、正常なバランスに戻す時です。

女性が力を取り戻すとは、男性と張り合って男性に打ち勝つということではありません。いわゆるフェミニストの運動ではないのです。

言動、振る舞い、身なりの女性らしさはむしろ大切です。女性としてのエレガントさ、美しさ、きよらかさを大切にし、それを楽しんでください。女性的なやさしさ、思いやり、軽やかさも持ち、芯の強さなども持ち合わせてください。インドの女神たちを見るとよくわかります。ラクシュミは豊かで、美しく、晴れやかです。カーリーは厳しく、強く、でもその中は愛にあふれています。サラスヴァティーは音楽と言葉を天に届ける叡智（えいち）の豊かさであり、ドゥルガーは絶対的な力で我が子を最後まで守ります。

すべてを親や夫、世間や会社に委ねるのではない。自分をしっかり持って、自分らしさを、自分のアイデンティティを築き上げていってください。

それには、自分の気持ちや感情に責任を持って内面のワークを行う必要があります。

自分が持っているパターンも実はエネルギーです。浮上してくるエネルギーを認識して、自分でワークをしながら解決できるようになってください。ワークをしてください。自分の存在そのものも自分が管理するものです。あなたの内側のエンジンは、あなた自身です。ハートからくる愛と光、そして思いやりを持って、天恵にあふれる神聖なる女性性のエネルギーを自分の中で育てる時です。

問題が起きることが問題なのではなく、「私には何もできない（無力）」と思うことが問題です。

何が起きても、あなたには解決する力があります。

解決する方法を学ぶことができます。

だから、さあ、自分のパワーを取り戻してください。

情熱を持って行動してください。

「自分にはできる！」と信じる人と、
「自分には無理！」と信じる人がいます。
信じている限り、どちらもその人にとっての真実になります。

子供は、無邪気に考えずに行動をします。
「面白そうだ」と思った瞬間、それを見にいく。人混み（ひとご）が怖いと思った途端、泣き出す。すべてに対して無邪気に動きます。
ところが大人になると、マインドがいろいろ考えるようになります。思いと行動の間に思考が入り込んで、身動きが取れなくなります。
「そんなことやったって意味がない」

「みんなが見ているから恥ずかしい」

「どうせダメだから、無理しないほうがいい」

でも、魂はそうではありません。魂の本質は無邪気で純粋です。好奇心を持ち、遊び心、愉快さ、純粋な心で、物事にひかれていきます。

あなたが今、どう生きていったらよいのか悩んでいるなら、なんでもやってみてください。新しいことに挑戦してみてください。無邪気に、子供心になって挑戦してみてください。

最初は失敗しても、あきらめずに再び試してください。子供も歩き始める時は何度も転びます。でもそれは歩けるようになるまでの練習なので、子供はそれを失敗とは思いません。すぐ立ち上がってはまた試します。別のものに挑戦すればいいのです。何度でも繰り返しやるには情熱が必要です。

「何をやればいいのかわからない」といつまでも考えていたら、何もできません。まずは行動をとってみてください。

聖なる道に仕える多くの人は、修行の道を歩みます。インドのグル、ヒンドゥー教のバラモン、仏教の僧侶、キリスト教の神父や牧師、ユダヤ教のラビ、やり方はさまざまでも、その点では同じです。

私は生まれながらに大きな力を授かっていましたが、生まれてきた時からつねにずっと、完全に悟っていたわけではありませんでした。私の魂は、ある部分、悟りを忘れてこの世に生まれてきました。それは、この地球で「悟りの過程」を体験し、悟りの段階を皆さんに教えられるようになるためでした。私はさまざまな体験を積むことで、悟りへの道を深く理解し、それを今後の世界の悟りへとつなげていきます。

パリでオペアをしながらいろいろな体験をし、思いのままにいろいろやりました。パリの綺麗なフランス語をマスターしたくて、法律事務所の受付で働きました。花を美しく飾りたくて、花屋さんの店員をしてきました。大西洋をヨットで横断したくて、自分たちでヨットを作りました。人間の癒しにひかれて、独自のセラピーを行うようになり、フランスで3つの診療所を設立しました。フランス政府代表としてヨーロッパ共同体の保険制度改革を求める活動もしてきました。さまざまなことをしてきましたが、私はすべてに、情熱を持っていました。だからあなたにも、伝えたいのです。

情熱を持って生きてください。情熱とともに生きてください。何をやるときも、情熱を持って一生懸命生きてください。働くときも情熱を持って。シャワーを浴びるときも情熱を持って。料理をするときも情熱を持って。

小さくても大きくても、自分のとるあらゆる行動は、自分との約束です。誰に強制されたのでもない。自分でやろうと決めたことをやるのは、自分との約束です。あなたの行動1つ1つは、自分を育て、成熟させるものです。

情熱を持って、行動してください。

エゴから魂に、主導権を移行させましょう。

「内なる目覚め」という神からの贈り物は、探求者を発見者へと変貌させてくれます。

スピリチュアルな本において、エゴはしばしば〝悪役〟として登場します。しかし、エゴは悪いものではありません。魂がこの世界にやってきたとき、人間として生きるための運転手がエゴです。

魂は体という乗り物を持っていて、エゴはその運転手です。魂が「こちらのほうへ進みなさい」と指示を出し、エゴがそれに従って運転するのがあるべき姿ですが、エゴは気ままでわがままな性格。自分が好きな方向へ走ろうとします。

それにもちゃんと意味があります。

エゴが好き勝手な方向に行くのは、「こうなりたい」という我欲が強いから。

それは人間として成長したり、成果を出したりする時には必要なことです。

「一生懸命に頑張って、こんなことをしたい」という意欲。

「すごい！　私はこんなことができた！」という誇り。

これがエゴであり、エゴがあるから人格は形成されます。若いうちのある時期、エゴの運転に任せて突っ走るのは、健全なことともいえます。

しかし、若者もいつか大人になります。いつまでもエゴが好き勝手に運転する車に黙って乗っていたら、魂は存在がなくなってしまいます。でも本来の私たちが地球に生まれてきた意味や課題を知っているのは魂です。自分は一体なんのために生まれてきたのだろうという問いかけに答えられるのは魂です。

ある時期が来たらエゴは力を失い、魂に運転席を譲る時がきます。

エゴや人格はこの地球を歩む上で重要な役割を果たしています。どんな聖者にもエゴはありますし、私にもあります。しかし、私とあなたとの違いは、私はエゴに指示を出されているのではなく、出している側だということです。

私は科学者の夫と結ばれ、２人の子供を産みました。夫の一族はワイナリーを経営していたので、ボルドーのワイン作りのシャトーに住んだこともあります。子供が生まれて10年は育児に専念していたものの、その後はボルドー市の市議会議員も務め、傍目（はため）には、何もかも手に入れたように見えたかもしれません。

私はある人のすすめで、のちに私のグルの1人となるサイババに出会ったのです。私は彼の指導を受け、サダナ（スピリチュアルな修行）をするようになりました。弟子として、サイババの人道活動のサポートを始めたのです。

決定的な転機が訪れたのは、下の子供が11歳の時だったというのは先にも述べました。

子供たちは理解してくれましたが、夫は悩んだようです。夫婦仲も良く、子供もいるのに、私がなぜ出ていかなければならないのか理解できませんでした。私にしても、一族で初めての離婚となるとしたら、モーリシャスの両親がどんなに驚くだろうと悩みました。

しかし、最終的に私は家を出たのです。サリーを3枚だけ入れたスーツケース1つとバッグを持ち、世の中に尽くすために。最初は診療所に泊まりながら、1つ1つ診療所を閉めて行きました。

そう、エゴではなく魂が、私という車の方向を決めるようになったのです。

神を信じているインドでは、1つ1つの行動が神に捧げられ、特にアシュラム（インドにある修行の場）の子供たちは、5、6歳からヴェーダ（バラモン教の経典）を神に向かって唱え続けています。つまり、子供の頃には学び、家庭を持ってからは子育てをし、そのあとスピリチュアルな修行に入るのは、インドでは珍しいことではないのです。やがて家庭の中で役割が終わったら、世の中のために尽くすということもごく自然に行われています。

私は、あなたに家を出ろとすすめているのではありません。ただ、家族という人間関係も永遠ではないと知ってほしいのです。

夫婦愛はかたちを変え、子供は育ちます。

結婚生活は幸せである場合とそうでない場合があり、いずれにせよ変容します。幸せになるには理由が必要で、幸せとは絶対のものではないのです。その点、真の喜びは理由もなく、自分の内側にある純粋な愛から湧き出してきます。幸せよりも本質的なもの、それが喜びであり、素晴らしいエネルギーです。

内なる魂が目覚める時は、いずれあなたにもやってきます。
人生を思い切り楽しんだら、その幸せを、執着せずに手放しましょう。
エゴから魂に、主導権を移行させましょう。
ひとつの魂として、喜びのために生きましょう。

愛で社会に尽くしてください。

世の中のためにあなたは今、何をしていますか?
魂を満たすのは尽くすことのみです。

魂を満たすのは、幸せになることではなく、尽くすことのみです。

人のため、世のために尽くしてこそ、魂は満たされます。他の何をやっても得られない満足感は無条件の奉仕で満たすことができます。なぜなら、それが本来の役割だから。

私は宇宙に尽くすのが私の役割と思っています。弟子を作り、彼らを導こうとは思っていません。1人1人の魂が自分の力で目覚め、1人1人がそれぞれのやり方で、人のため、世のため、宇宙のために尽くす一助をしていきたいのです。

あなたにもできることは、たくさんあります。食べ物のない人たちに食事を用意できます。いじめられている子供たちの助けになることができます。被災地で困っている人たちの役に立つことができます。

大切なのは「どうせダメだ」とあきらめず、「私にできることをやる」という気持ちで、自分の力でやり遂げると決断することです。今日、何ができるかを考えてください。

「そんな余裕がない」というのなら、悪口をやめるだけでも世界の波動が変わります。感謝することで、大きく変わります。人に優しい言葉をかけることで、その人にどんなに喜びをもたらすことができるか。

毎日必ず、感謝の気持ちでいてください。朝目覚めたこと、食事ができること、夕日が美しいこと、なんでもいい。感謝すること自体が、大きな癒しとなります。

あなたは自分のエネルギーを使って、情熱に満ちた人生を築くことができます。

そしていずれそのエネルギーで、社会を、地球を変えることもできるのです。

Chapter4

「最高の今日」を
美しく生きましょう。

～呼吸法、瞑想法、食事について～

毎日続けたい「基本の呼吸法」

呼吸を意識する。
たったこれだけのことで、すべてが大きく変わります。

魂を整えるために、瞑想は最高の方法です。アシュラムでは、呼吸法（プラナヤマ）とジャパ（マントラを繰り返すこと）を毎日行います。あなたがすでにヨガを学び、瞑想を実践しているなら、是非続けてください。そうでない方は、呼吸法：プラナヤマやジャパから始めましょう。

基本の呼吸法は、ふだん無意識に行っている呼吸を意識することから始めます。気（プラナ）と酸素をたくさん取り入れ、エネルギーを整えましょう。

落ち着かなかったり、感情が波立ったり、緊張したり、人は気が荒れているときには呼吸が浅くなり、気の流れもせきとめているものです。逆に言えば、ゆっくり呼吸を意識するだけで、心のコンディションも変わります。以下の手順で呼吸してみましょう。

鼻から息を吸って、鼻から息を吐きます。それを途中で息を止めずに繰り返して行います。

1. 息を鼻から4秒間、ゆっくり数えながら吸って、続けて同じように4秒かけて息を吐き出します。
2. 自分の呼吸の音を聞きながら、このリズムで呼吸を続けます。
3. 体、頭、心の中で何が起きているかを意識しながら、数分間呼吸を続けます。

朝を活性化する「火の呼吸法：カパラバティ」（ファイヤー・ブレス）

自分を整える方法をいくつか知っていると、
思い切り今日を生きられるようになります。

活性化を促す効果があるのは、「火の呼吸法：ファイヤー・ブレス」です。
朝起きた時や、やる気が出ない時、是非ためしてください。
強く呼吸することで、たっぷりと酸素を取り入れ、全身が活性化します。
自分のオーラの輪郭がくっきりしてくる、パワフルな呼吸法です。
空腹の時に行ってください（起き抜けや朝食前がおすすめです）。

火の呼吸法の基本は腹式呼吸です。お腹に力を入れてへこませながら息を全部吐ききるように行います。

1．背筋を伸ばして座り、胸を開いて、肩をゆるめましょう。
2．手は「マハー・チン・ムードラ」を組みます。人差し指を丸め、親指のつけ根につけ、親指で人差し指の爪をおおうようにかぶせます。残る3本の指はまっすぐに伸ばし、それぞれがくっつかないように離して、手のひらを上向きにして両膝（りょうひざ）の上にのせます。
＊人差し指はエゴを表し、親指は高次の自己を表します。この指の形はエゴを高次の自己の指で押さえている形です。
3．目を閉じて、眉間（みけん）のアジナ・チャクラに意識を集中します（目を閉じたまま眉間を見て集中します）。
4．舌は丸めて口蓋（こうがい）の上部の、固いところと柔らかいところの境目に舌先をつけます。

＊このようにすることで、この呼吸法を練習中に、身体のエネルギーが循環します。

5．お腹をへこませながら、鼻から強く息を吐き出します。これを繰り返します。息は自然に入ってきますので、息をあえて吸う意識をする必要はありません。

6．はじめはゆっくり、一定のリズムで、だんだんに速くしていき、最後は可能な限り、速く呼吸します。身体がつらくなってきても少し頑張ってみましょう。

7．3～5分練習できるのが理想です。

身体を整える「歯を合わせる呼吸法」(ファイヤー・ブレスの上級編)

疲れている時、体調が思わしくない時、
元気が出ます。

自然療法を取り入れた歯医者さんは、めったに歯を抜きません。なぜなら、歯の一本一本は身体全体の経絡(けいらく)につながっていて、それぞれ内臓と関係しているからです。中医学でも虫歯を簡単に抜くと身体にまで影響を及ぼすと考えられています。

これは、歯に刺激を与えることで、身体を活性化することもできる、と言えます。

最近ちょっと風邪気味だという時、疲れている時、体調が思わしくないという時には、「歯を合わせる呼吸法」を行いましょう。これは、火の呼吸法ファイヤー・ブレスの同系で、大変パワフルなものです。

1. 初めに、通常通りのファイヤー・ブレスを行います。
2. 次に、歯と歯をかみ合わせ、口を開き、鼻からではなく、歯の間から息を強く吐き出します。このとき、お腹もへこませながら息を吐き出します。
3. 息は自然に入ってきますので、吸う息は意識して行いません。
4. リズミカルにはじめはゆっくり、だんだん速くしていき、最後はできるだけ速く行います。身体がきつくつらくなっても少し頑張って続けてみてください。
5. 2分ほどこの呼吸法を続けたら、全身をリラックスさせ、しばらく静かに動かないでじっとしています。

深い平和を味わう「静寂瞑想」（スティルネス・メディテーション）

宇宙とのつながりを体験し、
「内なる世界」を感じる術（すべ）を学びましょう。

呼吸法に慣れてきたら、瞑想をしてみましょう。瞑想は心を満たし、静寂を味わう、悟りのための最高の修行でもあります。

「静寂瞑想」はシンプルですが、深い平和の領域へ、あなたの真我、ハイヤーセルフとつながった状態へと導くものです。

あなたの本質は光ですが、現代社会では常に頭で考えています。つまり、マインドが活性化しすぎて、落ち着かないのです。「静寂瞑想」をすることによって、マインドが鎮まり、平和な状態になれます。1つの言葉に焦点を合わせることで、普段、表に出ている「顕在意識」から「潜在意識」へとおりていきます。すると宇宙との深いつながりを体験することができるのです。

見ること、聞くこと、味わうこと、嗅ぐこと、触れること、人間は、日常において、これらの五感に頼っていますが、どれも「外の世界」を探る術です。そうではなく、「内なる世界」を感じる術を学びましょう。

瞑想によって内なる沈黙に入っていき、魂の本質、真の自己と溶け合ってください。それがあなた本来の自然な状態でもあります。

内なる領域に入ると、何もすることがなくなります。ただありのままで「在る」ことを思う存分、味わうことができます。

仕事で忙しい時ほど、ほんのちょっと時間をとって、この瞑想をしてから仕事にかかってみてください。静寂瞑想をしないで仕事を続けるよりも、はるかに効率的に仕事が流れることに驚くはずです。

ここでは「平和」という言葉を使った方法をご紹介します。言葉は、「平和（Peace）」だけでなく、「オーム（OM）」、「シヴァ（Shiva）」、「マー（Maa）」などの言葉を繰り返して唱えることもできます。

1. 目を閉じて、楽な姿勢で座ります。ゆっくりと何回か呼吸します。
2. リラックスして、注意深く生き生きと深呼吸します。
3. 「平和」という言葉を大きな声で繰り返します（約1分間をめどに次の段階へ進んでいく。慣れるともっと早く静寂の境地へ入れる）。
4. 普通の声の大きさにして「平和」を繰り返します。だんだんと声を小さくしていきます。
5. 声をささやき声まで落として「平和」と繰り返して言います。
6. 声を出さずに唇だけ動かして「平和」を繰り返します。
7. 心の中で「平和」と言います。

8. 最後には沈黙して身体を動かさずにじっとしています（6〜9分くらい）。
9. 静かに息を吸い、ゆっくり何回か自然な呼吸をします。
10. 今のマインドの状態を観察します。マインドが鎮まり、静かになっている状態を味わいます。これが自分のハイヤーセルフ、真我とつながっている感覚です。
11. 瞑想を終えるとき、ぱっと立ち上がらず、以下の「クロージングの基本」に従い、静かに日常に戻ってください。

「クロージングの基本」
＊自分が座っている椅子（いす）、クッション、床を意識します。
＊周囲を意識します。何回か呼吸をします。
＊ゆっくり身体を伸ばし、手先足先を動かします。
＊自分の状態を意識しながら、ゆっくりと目を開けます。
＊「自分が今ここに在る」という状態にあるのを意識します。

毎朝の習慣にする「光の柱の瞑想」

聖なる存在は「愛」として「光」として、
1人1人の中に現れてくれています。
あなたの中にも「光」「愛」という聖なる力があります。

1．目を閉じ、楽な姿勢で座り、背筋をピンと伸ばし、頭はまっすぐにします。
深呼吸をして、瞑想を始めます。リラックスしてください。
2．ハートにあなたの存在と光を呼びおこします（1分間）。
3．「オーム」という言葉を声に出して16回唱えます（その後1分間沈黙し、光を全身にいきわたらせます）。
4．今度は6分間、光の柱を活性化する瞑想をします。頭頂に意識を向け、呼吸します。頭頂からアンタカラーナという光のチューブが天にのびていて、これを通して私たちはいつでもハイヤーセルフ、真我とつながれます。アンタカラーナに息を吸い込み、光をどんどん入れていきます。深く呼吸して、光を歓迎し、光を身体におろします。光は脳を満たし、ハートを満たし、全身光で満たしていきます。光は肉体を超えて、サトルボディ（肉体のまわりにある、より精妙な体）、エネルギー体まで拡大していきます。一息ごとに、細胞の光が輝きを増していきます。

5．私達の肉体とサトルボディをとりまく光の柱があります。意識してこの光の柱を活性化してください。一呼吸ごとに光が増して強くなっていきます。光がどんどん明るく輝くのを感じましょう。

6．次に112ページからのプラナヤマ呼吸法をワンラウンド（2〜3分間）行います。この呼吸法で光を拡大し、強めていきます。手はマハー・チン・ムードラ（火の呼吸法ファイヤー・ブレスの115ページ参照）を組み、目を閉じ、背筋を伸ばします。舌は丸めて、上あごにつけます。

7. お腹をへこませながら鼻から強く息を吐き出します。はじめゆっくり、だんだんに速めていきます。身体がつらくなってきてもやめないで、もう少しがんばりましょう（2〜3分）。

8. リラックスしてそのままじっと動かずにいます。ハートの深いところの静寂に身をおきます（6分間）。

9. （8番の6分間の瞑想の中で）自分が光り輝く地球のグリッド（網状のエネルギーのネットワーク）上にいるのをイメージします。

光の存在に意識を向けます。マーの愛を自分の内側とまわりに感じてください。限りなく広がる深い愛のエネルギーです。この愛は、私たちを通して広がります。自分の意識をさらに拡げていきます。地球は光のグリッドに包まれています。1人1人が光の柱として、グリッドを形成しています。これは神聖なる光のマトリックス（母体）です。グリッドの光であるあなたを感じてください。

自分が息を吸う時、まわりからの光を吸い込みます。自分が息を吐くとき、まわりに光を放っています。自分の呼吸はこのグリッドに貢献しているのです。

1人1人の光を受け取りながら、あなた自身を感じながら、もっともっと輝きを増して光っていきます。すべての存在は1つであるという、ワンネスの中で光を輝かせてください。

本来の私たちになり、地球の光の柱として、光り輝いているあなた。純粋な神聖な愛として、地球を取り巻き輝いています。私たちそのものである、愛をたたえます。そして私たちは光の賛美のうちに歩みます。

瞑想後も、1日を通して、愛を体感してください。買い物をしながら、信号を待ちながら、どこで何をしていても愛の波動につながっていてください。どんな状況でも自分が愛になりきれるか試してみましょう。

まわりの人に微笑んだり、やさしい言葉をかけたり、理由もなく小さなプレゼントをしたり、愛のエネルギーをふりまきましょう。

集中力を取り戻す「センタリング」

幸福とは自分の態度です。
あなたは自分を悲惨にも、幸せにもできるし、どちらも同じ労力です。

この世界は、あまりにも刺激と雑音が多すぎます。集中したいのに集中できず、あれこれ手を出していると、何が大切なのかわからなくなってしまいます。中心核からずれると不安になったり、自分の中の統合からはずれてしまいます。

魂の目的を見失わず、忙しくても自分を見失わないためのテクニックが「センタリング」です。とても簡単なので、集中力を高めたい時に試してください。

1. はじめに合掌のポーズをハートの前でとる。
2. 息を吸いながら、右手を挙手するようにまっすぐ上にあげ、それと同時に左手は丹田（へその下のあたり）まで下げる。両方とも指先は揃えて上に向ける。
3. 《スー》と息を吐きながら左右の手を元の位置に戻す（胸の位置で合掌）。
4. 今度は息を吸いながら左手を上にあげ、右手を丹田の位置へ下ろす。両手とも指先は揃えて上に向ける。
5. 息を吐きながら、両手を元の位置へ戻す。
6. もう1回息を吸いながら、右手を上にあげ、左手を丹田へ下ろす。この3回でワンセットにする。
7. ワンセットを1日10回でも20回でも行う。

左右はどちらからでも構いませんが、3回でワンセットとなります。
たったこれだけで乱れた気が中心に戻り、エネルギーが整います。
中心感覚が乱れている人は1日10セットを21日間、毎日続けてください。やがて実際にポーズをとらなくても「センタリング」と思っただけで集中し、気が整うようになります。

意識を上昇させる「マントラ」

価値判断を超えた地平の向こうに、
愛の魂が息づく場所があります。

「マントラ」とは、サンスクリット語で「心の道具または乗り物」という意味で、日本の仏教では「真言」と言います。

「豊かさを導く」「勉学に励む」「障害をなくす」「健康になる」など、マントラにはさまざまな種類と目的があり、何を活性化したいかによって選ぶことができます。

マントラには絶大なパワーがあり、意識を拡大し、波動を高める効果があります。聖者たちと何億もの人々が太古の昔からずっと唱え続けてきたおかげで、言葉には高い波動が込められています。

マントラを唱えながら、自分に高い波動を入れれば、自分もまた高い波動になります。マントラは声に出して唱えても、声を出さずに唱えても構いません。また、いつ唱えてもいいものです。

繰り返しマントラを唱えるときは、マーラ（ヒンズーの数珠（じゅず））を使うといいでしょう。一般的なマーラは、聖なる数字である１０８個のビーズでできています。マーラを使ってマントラを唱える習慣をつけ、波動を高めてください。

1. ゆったりと静かに座る。
2. マーラを右手の中指にかける。男性でも女性でも右手にマーラを持つ。
3. グルビーズ（一番大きいビーズまたは色つきビーズ）から始める。人差し指はエゴの指なので用いないこと。また、人差し指がマーラに触れないように注意すること。

4. マントラを1回唱えたら、中指と親指で珠を1つ繰っていく。
5. 4を繰り返し、グルビーズのところまで108回繰り返す（これでワンラウンド）。
6. 108回以上繰り返したいときは、グルビーズの手前でマーラを反対方向に持ち替え、今数えてきた方向に戻っていく形で唱える（グルビーズは師をあらわすので、またいで数えることはしてはいけない）。

マーラには、マントラのエネルギーがビーズ1つ1つに入ります。だからインドの修行者は必ず、肌に直接ふれるところにマーラをつけ、肌からマントラのエネルギーを吸収しています。グルがネックレスのようにマーラを服の上から身につけているのは、修行が終わっているので、自分のマーラのエネルギーを弟子に分け与えるためです。

代表的なマントラを挙げておきます。自分の内にいる聖なる母をマントラで呼び起こし、自分のリーダーとなってください。

・オーム・ナマ・シヴァーヤ　OM NAMA SHIVAYA
「オーム」とは根源から来た最初の音。聖なる音といわれています。創造の神シヴァをたたえるマントラで、宇宙全体の創造のエネルギーを高め、また浄化も行います。何にでも使えるマントラです。

・オーム・シュリーム・マハー・ラクシュミ・イエー・ナマハ　OM SHRIM MAHA LAKSHMIEI NAMAHA
こちらは私がよく用いる豊かさを高めるマントラで、「ラクシュミ」はヒンドゥー教の3大女神の1柱であらゆる面においての豊かさの女神です。私の具現しているエネルギーでもあります。

・オーム・アイーム・サラスヴァティー・イェー・ナマハ　OM AIM SARASWATIEI NAMAHA

「サラスヴァティー」も3大女神の1柱で、日本で言う弁財天(べんざいてん)。勉学と美と悟りの女神なので、その波動を高めるのに良いマントラです。

・オーム・クリーム・カーリカー・イェー・ナマハ OM KLIM KALIKAEI NAMAHA

これが三大女神の一柱、「カーリー(ドゥルガー)」のマントラです。エゴに打ち克(か)つ力強い正義の味方なので、エネルギーを強くしてくれます。

身体をゴミ箱にするのはやめましょう。

体という「あなたの魂のいれもの」に、
毒になるものを放り込んではいけません。

食生活で一番注意すべきは、その食べ物の波動です。
作り手が愛を持って育て、感謝を持って命をいただいた食べ物は、みな高い波動を宿しています。そのことに感謝し、おいしくいただくのが、最高の食事となります。
私は「菜食主義になれ」とは言いませんが、酸性に傾きがちな現代人は、酸性の肉より、アルカリ性の植物を食べるほうがバランスは取れます。

もし肉を食べるなら、自然な環境でのびのびと育ち、恐れを感じずに処理された動物の肉を食べてください。アメリカの場合、劣悪な環境で飼育された動物が恐れの中で命を落として食肉加工されることがあります。その恐れの波動は、食べた人の中に入ってしまいます。

そんなことにはならないように、肉に限らず野菜でも魚でも愛と自然に育まれたものを選び、「今日もありがとう」という気持ちで食べてください。

コーヒーは酸性ですし、刺激物やアルコールは瞑想の邪魔になります。でも、私は絶対にやめるべきだとは言いません。好きなものを楽しむのはいいことです。ただし、単なる癖で飲んでいるのなら危険です。自分でしっかりとコントロールしてください。

お菓子やジャンクフードも同じことです。本当はほしくないのに、何かの埋め合わせでたくさん食べていませんか？　あなたの体は大切な魂のいれものであり、ゴミ箱ではないのです。

波動の高い愛あるものだけを取り入れていきましょう。

2つのハートを統合してください。

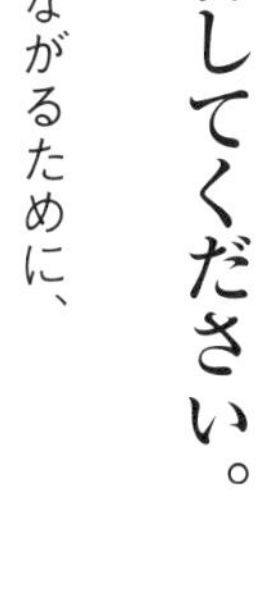

自分のハートとつながるために、
批判的な価値判断を変容させましょう。
愛そのものになりましょう。

あなたのハートは、2つの部屋に分かれてしまっています。

1つの部屋には苦しみ、悲しみ、嫉妬、非難など、人間としての感情があります。

もう1つの部屋には、自由と感謝、純粋な愛という聖なるエネルギーがあります。

この2つの部屋は、1枚の薄い膜で隔てられています。

呼吸法や瞑想、マントラによって真ん中の膜が溶けて、ハートが1つになった時、あなたは本当のあなたになります。聖なるエネルギーにあふれ、高い波動を持つ、愛と感謝に満ちた光のハートになります。

ハートの光が大きくなるにつれ、自分のためにならないものは全部変容します。

そうやって、新しいあなたが生まれます。本当の自分に生まれ変わっていきます。

すべては新しいハートから始まります。新しいあなた、新しい人間、新しい種類の存在、新しいＤＮＡ、新しい意識、新しい脳が誕生します。

それにはオープンになりなさい。自由になりなさい。解放されなさい。

愛と感謝のハートと、脳のエネルギーが合わさった時、パワーが生まれます。

人間１人１人のパワーが高まれば、より高い次元に、今の世界を変容させることもできるのです。

Chapter5

「光」とともに進み、光となってください。

～女性聖者としての使命～

女性聖者の役割を果たします。

あなたに尽くすことが私のダルマ（天命）であり
宿命（カルマ）です。
この愛の形は、永遠に変わることはありません。

私には2人の師がいます。

1人はすでに述べたように、何より大切でかけがえのないサットグル（悟りに導いてくれた師）、サイババです。

ババのもとで修行を始め、悟りを得た時、本来の自分を思い出すことができました。生れ落ちた瞬間に忘れていたことを、ようやく取り戻した気がしたのです。

私のグル、私のババに永久に感謝します。

フランスにいた頃は家庭にも仕事にも恵まれていましたが、ババの指示で人のために尽くす暮らしを始めると、初めて、本当の「満たされた」感覚を知りました。ババが、教えを世界に広げるように指示されましたので、それ以降ずっと教え続けてきました。

いろいろな聖者にお世話になってきましたが、もう1人の大聖者であるサトワババ・マハラージにもとても深い絆があります。

サトワババは、5000年の歴史を持つ、インドのヴィシュヌ聖人協会(Vaishnave Saint Society)のトップでした。99歳という高齢でこの世から旅立ちましたが、インドで最も愛されていた大聖者の1人とされていました。

初めて出会った時、サトワババは私にこうおっしゃったのです。
「ずっと聖なる母に拝み、あなたへの日記をずっとつけてきました。やっと来てくれましたね」と言ってくれました。

サトワババは幼い頃にお寺に入りました。毎朝2時半に起き、何時間も聖なる母に祈り、99歳で亡くなるまで1世紀近く日記をつけていました。私に会った時、彼はその日記を手渡し、「聖なる母の具現化だ」と言ってくださった。それこそ、私がインドで女性としてはじめて最高位の精神的指導者（ジャガットグル）となるきっかけだったのです。

２００７年、インドのアラハバードで、私はジャガットグル（Jagatguru Bhaktimayi Meera Bai）の称号を授かりました。ヴィシュヌ聖人協会５０００年の歴史の中で、女性が、そしてインド生まれでない西洋人がジャガットグルとなるのははじめてのことでした。

ヒンドゥー教にはブラフマー（創造の神）、ヴィシュヌ（この世を保つ神）、シヴァ（破壊の神）という3大神があります。すべての源であるブラフマーは誰もが信じているために教派や寺院はなく、実際はヴィシュヌ派かシヴァ派に分かれています。

私はもともとモーリシャスのシヴァ派の家に生まれ、シヴァを信じるサイババのもとで悟りを開きました。そしてサドゥー（修行者）となった私を成長させてくれたのが、ヴィシュヌの長老であるサトワババです。つまり私は、ヴィシュヌとシヴァの両方の神と関わっていることになります。

ヒンドゥーの神はサイクルのようになっていて、ブラフマーが創りだし、ヴィシュヌがそれを保ち、シヴァが現状を破壊し、再びブラフマーが新たな創造をします。

今を保つ神ヴィシュヌと、現状を破壊して創造を促す神シヴァにつながる私の役割はやはり、この世を変容させ、新たな創造へと人々を進化させることなのでしょう。

聖人協会から聖なる母（Divine Motherと表して聖者）として認められたために、私はインドのヴァラナシにアシュラムを設立する許可を得ました。これも女性としてははじめてのことです。

ガンジス川に近いヴァラナシは５０００年以上祈りが続けられてきた街であ

り、スピリチュアルな場所です。亡くなった人はヴァラナシにたくさんある火葬場で灰になり、灰はガンジス川に流されます。そうすることで生き物として繰り返し地球に生まれ変わってくる輪廻から抜け出て、天に昇ることができるとされています。

私は、ガンジスのほとりから、聖なる母としてのエネルギーと新たな変容を広げていこうと思っています。1人でも多くの人が、光となる手助けをしたいのです。

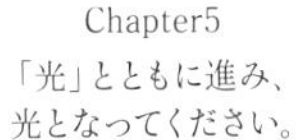

あなたは神の一部です。

人間の内面には、
今にも破裂せんばかりの無数の宝が眠っています。

あなたは神について、どのように考えているでしょう？

私が考える神は、どこかの王座に座っている存在ではありません。

人間の行動を見て批判したり、裁きを下したり、罰したりする存在でもありません。神は宇宙のあらゆるところにいます。あなたがた1人1人の中にいます。

みんなが神の一部であり、人間は1人1人、大いなる存在につながっています。

悟った人はみな、そのことを知っています。自分も隣の人も知らない人も、みな同じ神の一部であり、延長であり、神の存在そのものだと知っています。だから争いも憎しみもなく、感謝しかありません。純粋で無条件の愛だけを持っていられるのです。

悟っている人と悟っていない人の違いは、自分が神であることを覚えているかどうかです。生まれ落ちた時、光だった無垢の魂は神の一部でした。それを思い出すことが、悟りへの道であり、本当の自分に戻る術です。

だからあなたも、本当の自分を100%思い出してください。

人格という環境から植えつけられたパターンを剝ぎ取り、光であり、無垢の魂であり、神の一部であることを思い出してください。それがすべてのスタートラインとなります。

いつでも助けを求めてください。

天使たち、妖精たち、マスターたちは
あなたのためにここにいます。
いつでも呼び出してください。

天使たち、妖精たち、マスターたち、聖者、目に見えない存在、目に見える存在、多くの存在たちは常に私たちを助けようとしています。しかし、地球には自由意思を持つという特別な決まりがありますので、私たちが「助けてください」とお願いをしない限り、彼らは私たちを手伝うことができません。

ですから、いつでも助けを求めてください。

必要な時は素直にお願いしてください。
偉大なる存在に助けを求めると、すぐに来てくださいます。

その助けはいろいろなかたちであらわれます。
それが見えるように、大きく目を開けて、助けを受け取ってください。

私もいつもあなたのためにここにいます。「マー、助けて」と一言言ってくれたら、すぐあなたのところに飛んで行きます。ライトボディ（肉体ではない光の身体）で、エネルギーとしてすぐに行きます。

それほどまでに私はあなたを愛しています。

泥の中から咲く花になってください。

蓮の花は泥の中から天に向かって成長します。

泥でさえも養分にして、光り輝く美しい花となるのです。


魂があるがままの姿になった時、そこには感謝があります。感謝のエネルギーは波動が高く、満たされていて、愛にあふれています。

透明な光としての無垢な魂は、もともと感謝を知っています。あるがままに満足し、感謝し、幸せでも不幸せでもない中立の状態でいます。魂は生まれながらに悟りをひらいた状態であります。

ところがこの地球で体を持ち、さまざまな体験をするためにエゴに導かれ、魂はいっとき自分の悟りの状態を忘れました。親からもらったパターンの根っこがあり、環境から受け継いださまざまなパターンがその枝葉となって育ってきました。悲しみ、怒り、批判、恨み、嫉妬はそうやって植えつけられてきました。

だからあなたは自分の物語にとらわれてきたのです。悟りを忘れたからさまざまな経験ができたとはいえ、そろそろ物語は手放す時です。人間としての人格ではなく、魂の本質に戻りましょう。あなた本来の、感謝に満ちた姿に戻りましょう。

あなたは蓮の花を知っていますか？　泥の中からすっと茎を伸ばし、美しく咲く蓮の花です。

その泥は、美しくないかもしれない。でも、蓮の花は文句を言いません。それが自分を花開かせてくれる役に立つと知っているから。

泥の中で成長していても、蓮の花は気にもとめません。どんなぬかるみの中にいても、自分はいつか美しく開く花だとわかっているから。

あなたは、この蓮の花と同じです。

ひどい子供時代を過ごしていたとしても、泥に埋もれたように暮らしていても、魂は蓮の花と同じように、花開く時期を待っています。

花は花。

泥は泥。

泥の中にいても、花は泥になったりはしません。自分を泥だと思ったりもしません。それなのにどうしてあなたは、泥についてばかり語り、泥と戦い、泥を非難したりするのでしょうか？

あなたはあなた。

人は人。

状況は状況。

どんな環境にいても、あなたはあなた。純粋で美しい魂です。

花のように、いつも光り輝かせてください。花は自分の素敵な香りを全ての存在に差し出します。あなたも同じようにしてください。

もう、まわりの人や状況に振り回されるのはやめてください。

物語を作って、わざわざ泥にまみれるのはやめてください。

低い波動の感情に突き動かされ、泥と一体化しようとするのはやめてください。

あなたは静かに風を受ける蓮の花です。美しい花です。

ただ、それを忘れているだけ。

ただ、それを思い出せていないだけ。

自分の魂の美しさを思い出した時、すべての怒りや憎しみや悲しみや嫉妬は浄化され、高い波動のエネルギーだけに満たされます。

その時きっと、自分を成長させてくれた泥にさえ、感謝の気持ちが穏やかに湧いてくるでしょう。

Epilogue

地球の波動を高めましょう。

世界を変容させるためには私たち1人1人が自分が光の存在であることを思い出すことです。必要な力はすべて、あなたの中に備わっています。

私は一刻も早く、1人でも多くの人に、本当の自分を思い出してほしいのです。なぜなら、この地球も変化の時を迎えており、そのためにはあなたがた1人1人の力が必要だから。

地球も1つの生きた存在です。母なる生命体です。ところが地球の波動は、長い年月をかけて、低いものになってしまいました。今までに人間が発し続けた低い波動の影響を受けたためです。

戦争、殺人、怒り、悲しみ、憎しみ。地球はこうした低い波動を受け止め続けてきましたが、もはや耐えきれない状態になっています。そして今、地球の波動を何とかして再び上昇させようと、宇宙全体から高次の光が降り注いできています。低い波動が高い波動へと変わる、変容の時が来たのです。

それはもう、始まっています。あらゆるかたちの兆候があります。たとえば自然界では、地震や火山の噴火として変化が現れています。人間の世界でも、さまざまな悲惨な事件が起きています。これは上昇の波動によって、これまで潜在意識の中に収まっていた怒り、憎しみ、悲しみという感情が顕在意識まで噴き出してきたためです。封じ込めていたものが突然、爆発するので、悲惨な事件となってしまうのです。そんな事態を招かないように、ぜひ本書で紹介したように、感情を意識的に表に出し、高い波動に変えてほしいと思います。

逆に言うと、みなさんの潜在意識に巣食った低い波動の感情を高い波動へと昇華させておけば、地球が高い波動へと変化する手助けができるようになります。

世界のために、まずはあなたが変貌を迎えましょう。

悲しみ、怒り、憎しみといった低い波動のエネルギーを浄化しましょう。

上昇しようとしている地球のエネルギーを低い波動で引きずりおろさないようにしましょう。

私はかつてセラピストとして、人の意識を変容させる手伝いをしてきました。

長い間、祈りも捧げてきましたが、それだけで変容を起こすことは難しいのです。そこでこれからは、エネルギーの変貌で世界を変えていきます。1人でも多くの人に意識を上昇させてもらい、その結果、高次のエネルギーで問題を解決しようと思っています。みんなが悟ることで地球全体のエネルギーが高くなります。

変容にはまた、女性の力がなくてはなりません。宇宙の中の動きをもたらすのは女性性のエネルギーなのです。

本文でも、シヴァは破壊の神だと述べました。今あるものを破壊したシヴァは、純粋な空間（ピュア・スペース）をつくります。すべての創造は、無である純粋な空間、シヴァの空間から生まれてくるのです。

つまりシヴァは創造の始まりではありますが、すべてではありません。男性性のエネルギーであるシヴァに、聖なる女性性のエネルギーであるシャクティが合わさった時、それが本当の創造の時となるのです。

覚えておいてください。

地球の波動を上げるには、私たち1人1人の力が必要だということ。

あなたが感情を表に出し、変容し、愛と光である自分を思い出すことがこの地球の波動を高めることとなり、地球の変容の手助けとなります。

あなたが毎日行うワーク、瞑想、呼吸、マントラが自らの変容になり、地球の変容の手助けとなります。数分でもよいので毎日続けてください。

あなた自身の尊い役割を、しっかりと果たしてください。

私はこの本を通じて、あなたのエネルギーを高める方法をお伝えしてきましたが、あなたのグルになろうというわけではありません。

グルとはもともと、闇から光へ導く教師のことです。無知の状態にいる生徒を、本来の自分を思い出すよう、案内をする師なのです。私は何人もの人を導いていますが、何かを与えるのではありません。みんながもともと持っていたものを思い出す手伝いをするだけなのです。

あなたのグルは、もしかしたら私かもしれない。仏教の先生かもしれない。キリスト教の先生かもしれないし、タクシードライバーかもしれないし、料理人かもしれないし、通りすがりのおばあちゃんかもしれない。

でも、1つだけ忘れないでください。グルを信じて委ねることは大切ですが、グルにパワーを明け渡すわけではないことを。グルは正しい道を示しますが、手を引っ張って連れて行ってくれるわけではありません。歩き出すのはあなたです。

私を崇拝するのはやめてください。

グルを崇拝するのもやめてください。

キリストを、ブッダを崇拝するのもやめてください。

エロヒム（父なる神）も、マー（母なる神）も、あなたの内側にいます。この宇宙も、あなたの内側に存在しています。

だから、あなたが光になってください。

光とともに進み、光とともに生きてください。

私はいつも、祝福しています。

大きな愛と祝福を込めて、

繰り返し、繰り返しあなたを私のハートに迎え入れます。

2016年11月

いつもあなたの、マー

【著者紹介】
サイマー・ラクシュミ・デヴィ
モーリシャス島生まれ。21歳でフランスに渡り、オペアとして子守りや家事を手伝いながら生粋のフランス語を習得。後に、さまざまな職業に就きながら大学で学ぶ。その後、科学者である夫と結婚、2人の子供の母となる。ボルドーでワインづくりのシャトーを持つ夫の一族を手伝って、ワイナリーを経営。心理学やカウンセリングを学び、生まれ持ったヒーリングの能力を取り入れたセラピストとして複数の診療所を開業。また、ボルドー市の市議会議員として、EUの健康保険制度改革に努めた。何事にも情熱を持って人生を生きつつ精神的な学びを希求していたその頃、サイババと出会い、その弟子となる。以来、修行を続け、2007年インドのアラハバードにて、ヴィシュヌ聖人協会よりインド 5000年の歴史の中で女性としてはじめて、ジャガットグルの称号を授かる。最高位の精神的指導者として、世界中のスピリチュアル・リーダーたちから愛され、人々を導いている。東日本大震災で傷つきうちひしがれる日本人を励ますために、2012年初来日、以来毎年来日して、日本の人々に祝福と教えを授けている。

サイマー・ジャパン事務局
〒106-0045　東京都港区麻布十番1-3-7-502　TEL03-5544-8400
http://www.sai-maa.com/ja

あなたを最高の幸せに導く本

2017年1月6日　第1版第1刷発行

著　者　サイマー・ラクシュミ・デヴィ
発行者　清水卓智
発行所　株式会社PHPエディターズ・グループ
〒135-0061　江東区豊洲5-6-52
TEL03-6204-2931
http://www.peg.co.jp/
発売元　株式会社PHP研究所
東京本部　〒135-8137　江東区豊洲5-6-52
普及一部　TEL03-3520-9630
京都本部　〒601-8411　京都市南区西九条北ノ内町11
PHP INTERFACE　http://www.php.co.jp/
印刷所
製本所　凸版印刷株式会社

ISBN978-4-569-83241-8